PROSPECTIVE ET STRATÉGIE

PROSPECTIVE ET STRATÉGIE

Revue publiée par l'Association pour la Prospective et la Stratégie
88 bd Lahitolle – 18020 Bourges Cedex
www.strategie-prospective.fr revueRPS@strategie-prospective.fr

Directeur de la publication : Fabrice ROUBELAT

éditée par
l'Association pour la Prospective et la Stratégie et
l'Institut de Stratégie et des Conflits –
Commission Française d'Histoire Militaire - www.stratisc.org

LA SOUVERAINETÉ
1

Chroniques

Le programme « La souveraineté en questions » a été conduit avec le soutien de la Région Centre, du Conseil général du Cher et de la Ville de Bourges, avec la collaboration de l'École Supérieure et d'Application du Matériel de l'État-Major de l'Armée de Terre et de l'association Agora Défense.

Ont collaboré à ce numéro

Hervé BURDIN, maître de conférences à l'Université d'Orléans et chercheur au Log - Laboratoire orléanais de gestion.

Hervé COUTAU-BÉGARIE, directeur d'études à l'Ecole Pratique des hautes Etudes et professeur de stratégie au Collège Interarmées de Défense.

Vincent DESPORTES, général de division (c.r.), a commandé le Collège Interarmées de Défense.

Jean-Fabrice LEBRATY, professeur à l'Université de Nice et membre du Gredeg – Groupe de recherches en droit, économie, gestion, UMR CNRS 6227.

Claude LEGRAND, enseignant-chercheur à l'Université de Poitiers et chercheur au Cerege - Centre de recherche en gestion.

Anne MARCHAIS-ROUBELAT, maître de conférences habilitée à diriger à des recherches au Cnam et chercheur au Lipsor – Laboratoire d'innovation, de prospective stratégique et d'organisation.

Yvon PESQUEUX, professeur au Cnam et titulaire de la chaire « Développement des Systèmes d'Organisation ».

Fabrice ROUBELAT, maître de conférences habilité à diriger des recherches à l'Université de Poitiers et chercheur au Cerege - Centre de recherche en gestion.

Jean-Pierre SAULNIER, maître de conférences à l'Université d'Orléans et membre du Cedete – Centre d'Etudes pour le Développement des Territoires et de l'Environnement.

Jacques THÉPOT, professeur à l'Université de Strasbourg et chercheur au Large - Laboratoire de recherche en gestion et économie.

Kimon VALASKAKIS, ambassadeur du Canada (RET), président de la Nouvelle École d'Athènes, professeur émérite de sciences économiques à l'Université de Montréal.

PROSPECTIVE ET STRATÉGIE

Revue publiée par
l'Association pour la Prospective et la Stratégie
www.strategie-prospective.fr / revueRPS@strategie-prospective.fr

Bulletin d'abonnement à renvoyer à :
Revue Prospective et Stratégie
M. Erick Mengual
33 rue de Beaumont – 18000 Bourges

✂...

Abonnement pour deux numéros

JE M'ABONNE À LA REVUE PROSPECTIVE ET STRATÉGIE :

☐ Abonnement individuel .... 40 €

☐ Abonnement institutionnel .... 90 €

Nom et prénom ou Raison sociale : --

Adresse : --

Code postal : ------------ Ville : --

Mail : ---

Fonction : ---

Chèque à établir à l'ordre de l'Association pour la Prospective et la Stratégie.

L'abonnement individuel donne droit à un exemplaire de chaque numéro.

L'abonnement institutionnel donne droit à deux exemplaires de chaque numéro.

Éditorial

Prospective et Stratégie, dont nous proposons ici le premier numéro, n'est pas seulement une revue. C'est aussi la partie émergée d'un espace de réflexion mettant en interaction des chercheurs de différents horizons. Par son orientation prospective, la revue *Prospective et Stratégie* a pour vocation de mettre en perspective les enjeux stratégiques à la fois dans l'espace et dans le temps, de faire émerger les différentes problématiques qui sous-tendent ces enjeux.

Publiée par l'Association pour la Prospective et la Stratégie, la revue *Prospective et Stratégie* s'inscrit pleinement dans le pôle associatif pour la recherche en stratégie et en histoire militaire récemment constitué par l'Institut de Stratégie et des Conflits – Commission Française d'Histoire Militaire. *Prospective et Stratégie* apporte à ce nouvel ensemble l'éclairage non seulement donné par la prospective, mais aussi celui donné par l'analyse des processus de décision et d'action, sans se limiter à l'action militaire. Ainsi la revue *Prospective et Stratégie* traitera l'action sous toutes ses formes, qu'elle soit militaire, politique, économique, managériale...

Le premier numéro que nous présentons ici porte sur le thème de la souveraineté. Il fait suite à un colloque organisé en septembre 2007, en collaboration avec l'École Supérieure et d'Application du Matériel de l'État-Major des Armées et l'association Agora Défense. La crise financière s'est depuis manifestée avec un impact qui rend la problématique de la souveraineté incontournable.

L'anticipation par les organisations de changements à long terme et/ou irréversibles les conduit, en effet, à s'interroger sur leurs marges de manœuvre stratégiques au regard des transformations des environnements dans lesquels elles évoluent. Ces transformations se traduisent par la multiplication du nombre d'acteurs impliqués dans les processus de décision politiques et/ou stratégiques, ainsi que par la juxtaposition de différents niveaux de décision (local, national, multilatéral ou supranational) à des échelles territoriales diverses. Une telle imbrication des acteurs et des enjeux décisionnels contribue tantôt à réduire, tantôt à accroître les marges de manœuvre stratégiques dont peuvent disposer les organisations et les institutions étatiques, posant par là même la question du degré de souveraineté des décisions que ces différents acteurs subissent ou prennent. Tel est le champ couvert par ce premier numéro de *Prospective et Stratégie*.

En ouverture Yvon Pesqueux nous invite à explorer les arcanes de la gouvernance à travers la montée des organisations intermédiaires et de la démocratie délibérative, tandis qu'Hervé Coutau-Bégarie présente un essai de prospective de la souveraineté à partir d'une relecture de Jacques Ellul et de Bertrand de Jouvenel. Dans un deuxième temps, Anne Marchais-Roubelat et Fabrice Roubelat, ainsi que Jacques Thépot, nous plongent dans les processus de décision, qu'il s'agisse de l'étude des relations de dominance dans les processus de décision politico-stratégiques ou de celle de la souveraineté de et dans l'organisation.

Les deux articles de Claude Legrand et de Jean-Pierre Saulnier nous conduisent à explorer l'évolution de la souveraineté dans deux domaines aussi différents que ceux des fédérations sportives et des industries de défense. Jean-Fabrice Lebraty se penche ensuite sur la maîtrise de l'information comme source de souveraineté avec le cas des systèmes d'information et de commandement en comparant les systèmes français et américains, alors que Hervé Burdin discute de l'information comme attribut de la souveraineté.

Dans son essai sur les nouveaux contextes et les nouvelles perspectives pour l'engagement des forces, Vincent Desportes insiste sur l'altération de la distinction entre l'interne et l'externe. Pour terminer, Kimon Valaskakis s'interroge sur la possibilité d'existence future d'un gouvernement mondial doté de la même souveraineté qu'exerce aujourd'hui chacun des membres des Nations Unies, alors que se développent quantité de gouvernements ou quasi-gouvernements infranationaux.

Pour clore ce numéro, la rubrique Chroniques propose tout d'abord une réflexion sur la décision, avec la chronique *decidere* d'Anne Marchais-Roubelat sur la notion d'irréversibilité. Quant à la note de lecture sur l'ouvrage *Business Planning for Turbulent Times*, édité sous la direction de Rafael Ramirez, John Selsky et Kees Van der Heijden, elle nous conduit à explorer le champ de la théorie des textures causales de l'environnement et son intérêt pour la prospective et la stratégie.

Après ce numéro *un,* le numéro *deux* nous conduira sur les chemins de l'expertise...

Le comité éditorial

Souveraineté et gouvernance

Yvon PESQUEUX

Si, avec la mondialisation, on se pose la question de savoir s'il s'agit d'une métaphore, alors, comme toute métaphore, il s'agit de savoir à quoi la notion se substitue. Ne serait-ce pas la remise en question de la souveraineté de l'État-nation, où territoire géographique et territoire institutionnel de la souveraineté sont confondus ? Cette crise de la souveraineté de l'État-nation est en effet une des caractéristiques du « moment libéral » dont la déterritorialisation suscite, en réponse, quatre acceptions de la souveraineté – outre celle qui subsiste pour l'État-nation – dont deux économiques, une politique et une à la fois politique et territoriale au sens géographique du terme. La *Corporate Governance* constitue la forme codifiée de la souveraineté dans le cadre d'un territoire économique, celui de la grande entreprise. La « gouvernance des marchés » constitue la forme non codifiée et donc plus « émergente » dans le cadre d'un autre territoire économique, celui des marchés financiers. La gouvernance prise au sens « large » constitue la forme de la souveraineté dans le cadre d'un territoire politique « nouveau », celui de la supra-nationalité, c'est-à-dire celui d'institutions politiques telles que l'Union Européenne, la Banque Mondiale, l'OCDE qui bénéficient d'une délégation de souveraineté « non contrôlée » démocratiquement de la part des États mais aussi celle de l'infra-nationalité avec des « régions » qui ne correspondent d'ailleurs pas forcément à des régions administratives (le pays de l'Adour, par exemple, ou encore les bassins d'emplois, etc.). À une souveraineté des grandes entreprises correspond une souveraineté des marchés et une souveraineté des territoires politiques supra ou infra nationaux, puisqu'ils bénéficient également d'une délégation de souveraineté tout aussi non contrôlée démocratiquement (les communautés de communes en France, par exemple). Ces quatre « nouveaux » niveaux de souveraineté se situent en tension les uns par rapport aux autres mais aussi en tension avec la souveraineté résiduelle de l'État-nation. Il faut d'ailleurs souligner la différence qui existe à ce titre entre l'État-nation européen et l'État-nation américain, dont la nature diffère des précédents. En effet, du fait de sa taille et de sa puissance politique, l'État-nation américain ne se confronte ni a la crise de l'État-nation ni à la supra nationalité de la même manière qu'en Europe. On peut d'ailleurs penser qu'il en ira de même de puissances continentales émergentes telles que l'Inde ou la Chine. Les implications de la supra nationalité y sont moindres et la souveraineté de l'État-nation de dimension continentale peut également « récupérer » une partie des souverainetés déléguées aux territoires économiques. C'est sans doute de là que vient l'impression qu'avec la mondialisation, il s'agirait d'une forme d'extension de l'américanisation.

La remise en question du territoire de la souveraineté de l'État-nation a des conséquences importantes sur la substance de la souveraineté des « nouveaux » territoires, principalement sur la nature de la communauté qui en découle. Rappelons que la communauté constituée autour de l'État-nation se caractérise par deux aspects : un versant lié à l'identification (la nation est le lieu majeur de l'identification citoyenne) et un second versant lié à la solidarité (qui s'est caractérisée par le développement de l'État-providence ou encore de ce que R. Castel (2003) qualifie de « propriété sociale », « pendant » de la propriété privée pour le peuple qui en est dépourvu). Les « nouveaux » territoires proposent un autre contenu à ces deux aspects. Pour ce qui concerne l'identification (sauf pour l'« infra » territoire géographique ou communautarien qui deviennent les lieux rétrécis de l'identification « positive »), les « nouveaux » territoires conduisent à une vision « affaissée » de l'identification, comme si le lieu d'identification positive qu'était l'État-nation n'était plus nécessaire. La référence à la mondialisation en est très révélatrice avec, par exemple, la figure d'un « client du monde » qui se substitue au cosmopolitisme de celle du « citoyen du monde », celle de l'entreprise multinationale nulle part « étrangère », etc. Pour ce qui concerne la solidarité, l'« utopie assurancielle », d'ordre mercantile, est considérée comme pouvant remplacer les aspects politiques de la solidarité. Par étonnant alors que fleurisse l'identification communautariste sur la base de primordialismes (race, genre, âge, religion, mœurs).

Si l'on s'intéresse plus précisément au territoire institutionnel qu'est l'entreprise, la question de sa souveraineté principalement d'inspiration juridique (la *Corporate Governance*) s'est trouvée « dépassée » par les logiques de l'externalisation conduisant à la gouvernance organisationnelle qui acte la dissociation entre son périmètre juridique et son périmètre économique. En effet, l'externalisation conduit à des conséquences organisationnelles en termes de stratégie (qui vaut alors pour le périmètre économique de l'entreprise et non plus seulement pour son périmètre juridique) et en termes de technostructure (une partie de la technostructure se trouve aussi externalisée avec le recours à des consultants et experts multiples, etc.). On parle ainsi d'« entreprise étendue ». Il est facile d'illustrer cela en rappelant combien le périmètre économique d'une entreprise comme *Nike* se trouve être différent de son périmètre juridique dans la mesure où les sous-traitants sont « de » l'entreprise donneuse d'ouvrage et combien aussi, dans toutes les entreprises aujourd'hui, on assiste au recours massif à des consultants externes. Cette perspective constitue un des aspects de la globalisation dans le sens d'une inscription organisationnelle de l'ordre du général. Mais il faut également souligner l'inscription géographique de l'externalisation. On parle alors de mondialisation *stricto sensu* puisqu'il s'agit de reconnaître que l'activité d'entreprise s'exprime dans le cadre d'un espace géographique des marchés qui diffère de l'espace géographique des nations.

Dans la logique du continuum « *Corporate Governance* – gouvernance organisationnelle – gouvernance au sens “large” », l'argumentation de ce texte sera la suivante :

- l'évaluation du développement d'organisations « intermédiaires » entre l'État et l'entreprise ;
- l'examen du contenu possible d'une conception large de la gouvernance ;
- le statut des rapports qu'elle établit avec la référence à la société civile ;
- une analyse des conséquences politiques d'une conception « large » de la gouvernance.

Au-delà de l'entreprise et de l'État, le développement d'organisations « intermédiaires »

À défaut d'une réponse politique apportée à la mise en œuvre du « Bien commun » dans le cadre de l'État-nation, l'initiative « privée » tend aujourd'hui à développer, de façon palliative, les organisations non gouvernementales, gérées par référence aux modes de gouvernance des entreprises, mais ajoutant, pour d'autres motifs, un nouveau type d'organisations à vocation institutionnelle. Les formes juridiques sont spécifiques (l'association au lieu de la SA en France). Par contre, les modes de gouvernance sont hérités des entreprises mais en étant subordonnés à un objectif humaniste et social qui fait défaut aussi bien à l'entreprise qu'à l'État. Les ONG posent publiquement la questiondu lieu de l'initiative privée : est-ce encore l'entreprise comme on l'affirmait jusqu'ici ? Ces organisations humanitaires constituent aujourd'hui un nouvel ensemble institutionnel qui ne relève clairement ni des catégories des services publics ni de celle des entreprises et leur importance dans les domaines de société.

Ajoutons l'argument suivant, d'ordre moral, quant à la création et au développement des ONG en rappelant ici, avec L. Ferry (1996) que depuis les années 60, le soupçon radical de la morale aurait conduit au rejet des normes morales, au refus des idéaux à atteindre au-delà du souci de soi. Et ceci va dans le sens de l'engouement humanitaire sur la base de la reconnaissance des causes qui méritent le sacrifice ce qui, en quelque sorte, constitue le témoignage de la persistance d'une transcendance au-delà du contexte de légitimité de la Raison utilitaire associée au développement de la gouvernance d'entreprise comme idéologie générale du fonctionnement de la société. Le sacrifice est ici volontaire, au profit d'autres hommes. L'homme serait en cela devenu objet de la transcendance sur une base individuelle, en dehors des institutions. Le devoir d'assistance humanitaire s'inspire de et dépasse à la fois la charité chrétienne. L'humanitaire ne se heurte pas aux limites d'appartenance religieuse, nationale, ethnique. Mais il ne faut pas sous-estimer non plus la perspective médiatique de l'humanitaire que les médias sont capables de provoquer, avec une émotion de masse qui mène à l'humanitaire « spectacle ». De la même manière, il n'est pas possible d'occulter la déculpabilisation qu'il opère vis-à-vis des États, des entreprises et des citoyens, « libérés » en quelque sorte de l'injonction à construire et à obéir à un « bien commun ». L'action humanitaire pose donc le problème de l'articulation de la politique et de l'humanitaire même si cet humanitaire est symbolique d'un sacrifice de soi pour l'autre et qu'il est, de ce fait, porteur de sens. L'humanitaire pose alors le problème de sa vocation à construire un sens commun à défaut de la politique, les « grands hommes » ayant été absorbés par les techniques du pouvoir liées aux modes de gouvernance à l'œuvre dans les services publics, modes transposés aujourd'hui de l'entreprise.

C'est au travers de la référence à ces organisations « intermédiaires » du public et du privé que l'extension de la gouvernance privée à l'ensemble d'un monde, celui des organisations, se trouve fondée. La gouvernance revient alors à une manière de donner des guides, en quelque sorte confondue avec la notion religieuse de guidance, cette logique étant rendue d'autant plus nécessaire par ce que l'on peut qualifier de « boulimie » de normes.

C'est d'ailleurs ce qui conduit à des définitions particulièrement vagues de la gouvernance, telle celle de J. Kooiman (1993) qui la définit comme « *le modèle ou la structure, qui émerge dans un système socio-politique en tant que résultat commun de l'interaction de tous les acteurs en présence. Ce modèle ne peut être réduit à un seul acteur ou à un groupe d'acteurs en particulier (...) Qui dit gouvernance dit guider / orienter. Il s'agit d'un processus par lequel les organisations humaines, qu'elles soient privées, publiques ou civiques, prennent elles-mêmes la barre pour se gouverner* ». Pour sa part, *la Commission Brandt sur la Gouvernance globale* (1996) la définit comme « *la somme des voies et moyens à travers lesquels les individus et les institutions publiques ou privées, gèrent leurs affaires communes. Il s'agit d'un processus continu grâce auquel les divers intérêts en conflit peuvent être arbitrés et une action coopérative menée à bien. Ceci inclut les institutions formelles et les régimes chargés de mettre en application les décisions, ainsi que les arrangements que les gens ou les institutions ont acceptés ou perçoivent comme étant dans leurs intérêts* ». C'est ce qui vient donner à la conception large de la gouvernance une acception procédurale qui consiste, non pas à décider à la place des autres mais de fonder, avec les groupes sociaux concernés, des retours réflexifs sur les situations. La gouvernance est alors entendue comme régulation du pouvoir politique et elle repose sur l'analyse des relations et des systèmes de règles pour prendre en compte la multiplicité des points de vue dans les processus de décision. Elle invite donc à porter attention à la diversité des interactions à l'œuvre au sein de la société civile au regard des préoccupations des acteurs organisés.

La gouvernance au sens large allie les deux notions « anglo-américaines » de *compliance* (se conformer à la procédure) et d'*explanation* (s'expliquer en produisant un argument crédible et légitime). Elle met donc en avant l'agonisme et le travail par consensus. Comme le souligne J. Theys (2002), « *essentiellement pragmatique, le concept de « gouvernance » renvoie ainsi finalement à une « boite à outils » de recettes managériales ou d'instruments supposés apporter des réponses à la crise des politiques démocratiques traditionnelles* ».

Il s'agit alors, pour les dirigeants de toutes natures, de devoir intégrer la question du « Bien commun » comme « thème stratégique » et de devoir rendre compte de sa mise en œuvre effective auprès des conseils d'administration, qu'ils soient ou non constitués d'actionnaires. La question de la gouvernance peut aussi s'exprimer au travers de l'articulation qui va s'établir avec les parties prenantes « diffuses » du fait des accidents ou d'une société dont les corps sociaux sont compris dans les catégories du *lobby*. C'est ce qui autorise d'autant, en retour, les dirigeants d'entreprise, de façon coordonnée (par exemple sur la base de critères tels que le secteur d'activité, etc.) ou en tant que tels (on est alors face à la manifestation d'une classe bourgeoise qui ne dit pas son nom) de proposer des normes applicables au « Bien commun ». Avec cette gouvernance-là, il s'agit d'un projet de gouverner par référence à des normes, de gouverner par l'éthique.

La prise en compte de l'Autre, à partir de l'expression de ses propres intérêts, conduit donc à l'émergence du concept de *Global Governance* qui marque la reconnaissance d'autres agents nés du « moment libéral », les ONG principalement, dont le rôle de témoin militant est susceptible d'influencer l'activité d'entreprise. De façon la plus générale, la gouvernance recouvre donc les modalités de création et de gestion d'un espace de délibération.

Le thème de la gouvernance prend une dimension véritablement idéologique à partir du moment où l'on en examine la vocation à s'appliquer à ce qu'il est convenu d'appeler aujourd'hui les organisations. Une telle perspective est loin d'être neutre puisqu'elle remet en cause les principes du contrôle démocratique au nom du principe de transparence (les cabinets d'audit ont ainsi vocation à se substituer, pour partie, à ce contrôle démocratique), à modifier la nature de l'activité des fonctionnaires et à élargir le champ des privatisations. Mais un examen plus approfondi de cette situation peut aussi conduire au constat que les entreprises seraient paradoxalement aujourd'hui, du fait même de ces privatisations, en situation d'institutionnalisation en particulier dans leur vocation à discuter du « Bien commun » et à faire comme si leur modèle d'organisation avait vocation à l'universalité. C'est ce qui est à l'œuvre dans la vocation des modes de gouvernance de l'entreprise et en particulier des modes de contrôle qui lui sont associés à s'appliquer aux organisations, en particulier à des organisations qualifiées de publiques, la gouvernance publique étant alors conçue par extension des catégories de la gouvernance privée au nom d'une contingence marquée par la quête de l'efficience.

La conception « large » de la gouvernance

J. Lesourne (2004) aborde la question de la naissance de la gouvernance à partir du passage d'un État « strict » (d'hier) à un État « souple » (d'aujourd'hui). Par État « strict », il met en exergue un État souverain qui définit et fait appliquer ses lois à l'intérieur de ses frontières. Des zones politiques nouvelles se sont développées depuis (zones de coopération internationale, zones communautaires et zones de transfert de souveraineté) corrélativement à l'apparition d'acteurs transnationaux (entreprises multinationales, institutions financières, centres de recherche, médias, trafiquants et terroristes, groupes de pression) mettant en œuvre des sous systèmes tels que le système d'information, les marchés et des actes tels que les migrations (permanentes ou temporaires, des lieux de rencontre réels ou virtuels, des conflits militaires multilatéralisés). La gouvernance est, à ses yeux, la contrepartie du passage de l'État « strict » à l'État « souple ». « *D'un côté, se multiplient les problèmes mondiaux suscités par les acteurs transnationaux, de l'environnement au terrorisme, de la bioéthique aux flux de capitaux. De l'autre, l'État reste la base juridique des accords internationaux, qu'ils soient planétaires ou régionaux (Europe par exemple) tandis qu'à l'intérieur l'État contrôle une fraction qui n'a jamais été aussi élevée du revenu national* » (Lesourne, 2004). C'est ce qui le conduit à mentionner l'existence de six défis posés à une gouvernance mondiale : la régulation macro-économique, la régulation micro-économique, la redistribution, la sécurité, l'environnement, les problèmes liés aux recherches et aux applications des sciences du vivant. Il va alors proposer un tressage entre une logique du réalisme où les États gardent l'initiative mais se concertent en acceptant d'introduire des perspectives extérieures dans le cadre de l'exercice de leur souveraineté et une logique de communauté internationale mais où l'importance des États-Unis et d'une divergence ou non avec l'Europe est posée. La gouvernance a donc tout de même bien quelque chose à voir avec la politique et la politique avec des États et des intérêts localisés géographiquement. C'est ainsi que les logiques européennes influencées par les pensées politiques allemande et française tendent à mettre en avant une gouvernance par les procédures alors que l'influence américaine se trouve ancrée sur une conception principielle. Mais il serait aussi possible d'ajouter que la gouvernance, au sens large du terme, sert de palliatif aux tendances désintégratrices qui affaiblissent aujourd'hui les modèles de coopération interétatiques en reflétant la contradiction entre le caractère transnational de l'expansion du capitalisme et la fragmentation des systèmes de coopération internationaux. C'est sans doute en cela que la gouvernance supra-nationale vient aujourd'hui constituer un opérateur essentiel au fonctionnement du système politique mondial. Le système politique mondial est ainsi « pensé » dans les termes d'une conformité à des critères de gouvernance partiellement contradictoires. J. Lesourne en relève d'ailleurs sept : la liberté, la participation, l'efficacité, l'égalité (des chances, des conditions, par rapport à l'effort, etc.), la sécurité, la durabilité et l'adaptabilité (version politique de la flexibilité). C'est la manière dont ces critères sont remplis qui permet alors de fonder un jugement de valeur sur tel ou tel pays. La conception large de la gouvernance tend à en faire le fondement de la civilisation.

De façon plus concrète, il mentionne les trois « piliers » actuels du système de gouvernance globale que sont actuellement :

- le commerce au regard des catégories du libre-échange telles qu'elles sont définies par l'OMC (Organisation Mondiale du Commerce) ;
- la finance avec le sacro-saint principe de la libre circulation des capitaux sous arbitrage du FMI (Fonds Monétaire International), de la Banque Mondiale et de

l'OCDE (Organisation pour la Coopération et le Développement Economique) ;

- les systèmes de production des normes internationales (avec entre autres l'ISO – *International Standard Organization*) pour les thèmes de la qualité, de la sécurité et de l'environnement.

Comme on l'a déjà signalé, U. Beck, dans *Pouvoir et contre-pouvoir à l'ère de la mondialisation* (2003), montre que la mise en œuvre d'un contre-pouvoir mondial s'effectue dans une opposition entre institutions et organisation. Avec la gouvernance, s'il est question d'institutionnalisation des organisations, il n'est donc pas question d'institutions mais de multiplication d'organisations aux modalités de fonctionnement identiques même si leurs intérêts divergent, une telle perspective étant mieux à même de fonder l'agonisme et donc d'occulter le conflit. Des organisations fonctionnant par référence à des critères communs de gouvernance sont en effet de même « substance » et leur fonctionnement peut donc se référer à la même rationalité dans l'exercice du pouvoir.

La conception « large » de la gouvernance contient l'idée de superposition réglementaire de règles de nature différente : des règles de nature institutionnelle et politique et des règles managériales. C'est d'ailleurs ce qui conduit aujourd'hui à parler de gouvernance au lieu de démocratie. Avec la gouvernance, il s'agit en quelque sorte d'acter la primauté de la société civile (fondée sur des groupes porteurs d'intérêts aujourd'hui qualifiés de « parties prenantes ») sur la « société politique » concrétisée par les modes de fonctionnement de la démocratie, la gouvernance étant vue comme l'ensemble des modalités d'articulation « individu – société civile – représentation politique » dans les termes d'une organisation de la délibération entre les groupes d'intérêts, la délibération constituant la « façade démocratique » du système politique ainsi construit. Ceci étant, il est important de remarquer la conception « faible » de la notion de société civile telle qu'elle est employée dans ce contexte. Il s'agit en quelque sorte d'une conception « à défaut » dans la mesure où la société civile tendrait à recouvrir tout ce qui ne serait ni l'État ni l'entreprise.

Mais la gouvernance globale désigne aussi un autre référent : le monde. Or, comme le signale E. Berns (2006), « *la gouvernance ne totalise pas ; elle joint ou connecte des éléments, mais sans que ceux-ci s'intègrent dans une totalité. En ce sens, la gouvernance est foncièrement globale, car n'instaurant pas une totalité, elle tend à effacer les frontières* ». Il évoque donc la thèse d'une conflictualité avec la « suffisance » qui caractérise la souveraineté politique en forçant en quelque sorte la souveraineté politique à composer, en particulier face à une dissolution de la dissociation « politique – économique ». C'est en cela que la notion de gouvernance s'oppose à celle gouvernement, encore imprégnée de souveraineté, souveraineté qui ne peut exister qu'avec une multitude d'États. Elle se situe donc entre la souveraineté de l'État et l'international, c'est-à-dire le lieu de coexistence (ou de confrontation) des souverainetés. Elle se concrétise aujourd'hui dans toute une série d'organisations qui existent en dehors des États, mais au sein desquelles une partie de la souveraineté desdits États se déploie (Union Européenne, Organisation Mondiale du Commerce, etc.). Sans forme étatique, la gouvernance est fondamentalement instable, nous dit-il, dans la mesure où elle fonde des compromis et non des résolutions. C'est pourquoi la quête de stabilité qui lui est inhérente va se fonder sur des principes, dans un cosmopolitisme qui va s'épuiser sans pour autant atteindre un universel (mais simplement un « général »).

Gouvernance et « société civile »

C'est ainsi, par exemple, que les philosophes de l'école « néo-libérale » américaine réhabilitent la notion de civilité « précivile », civilité *in abstracto*, dans la dimension politique de la démocratie délibérative où le « tout est permis » cohabite avec la civilité des termes du débat. Il ne s'agit alors pas seulement d'une analogie avec les relations de marché, institution où la civilité « précivile » joue aussi un rôle important tant le marché s'épuise autour du point aveugle de la confiance comme source de la transaction. La civilité, c'est ce « voile » qui permet de sortir du marché sans le dire : c'est par elle que, malgré la proportion équivalente d'hommes et de femmes, nous serions épargnés d'un marché de partenaires interchangeables. Mais jusqu'où la civilité « précivile » ne nous ramène-t-elle pas à une perspective naturaliste de la civilité et, par extension, de la tolérance ? Peut-on concevoir également une exploitation « en civilité » de l'homme par l'homme. En effet, nous dit F. Bourricaud, « *la civilité suppose réciprocité. Dans cette mesure, elle fait appel au calcul de « l'intérêt bien compris ». Je ne respecterai pas longtemps les préférences d'autrui si autrui ne respecte pas les miennes. Il n'y a donc pas de civilité sans attentes régulières et définies* ». Et tolérance, civilité, politesse, etc. se trouvent ainsi mêlées, constitutives de la bienveillance spontanée chère à A. Smith, de la sympathie originelle. La civilité pose donc la question de la société civile comme fondement de l'espace public.

Il s'agit donc, maintenant, d'aborder brièvement la question de ce que recouvre cette notion de société civile considérée aujourd'hui comme le lieu d'exercice de la citoyenneté (J.-F. Mattei & P. Benéton, 2004). En effet, la référence à la « société civile » fait très souvent l'amalgame sans autre forme d'inventaire entre un ensemble de notions porteuses de valeurs « positives » : autonomie, responsabilité, prise en charge de leurs problèmes par les individus eux-mêmes, etc. Par sa dimension collective, la société civile échapperait aux dangers de l'individualisme pour inciter à la solidarité. Par sa dimension civile, elle évoquerait l'émancipation de la tutelle étatique, mais aussi des valeurs plus affectives telles que l'intimité, la familiarité (Rangeon, 1986), etc. Le développement de son usage actuel se situerait en quelque sorte dans une forme de moralisation de la dimension politique associée au développement des « classes moyennes » compte tenu d'une crise de l'État-providence vers la mise en avant de l'importance d'une confiance construite en dehors des catégories de l'État-administratif dans des domaines tels que la couverture sociale, les activités culturelles et sportives, l'enseignement et l'environnement. La notion est assez clairement « euro-américaine ».

L'idée de « société civile » naît avec la philosophie politique libérale anglaise du XVIIIe siècle dans le sens d'un « espace commun de vie » avec une scission entre une pensée de l'État (celle de l'ordre politique) et une pensée de l'ordre social. Au-delà de l'exigence d'un espace public (celui de la démocratie) apparaît donc la reconnaissance d'un espace privé, la société civile, sorte d'agglomérat d'individus aux intérêts variés, voire potentiellement violents car orientés vers des appétits personnels, vision de T. Hobbes qui en fonde la représentation pessimiste dont elle héritera. Hobbes en fait un « ensemble fluide » au regard du désir « inné » de l'état de nature (fondé sur le désir de « bien vivre ») qui « perdure » dans la société. Attention, la référence à une société de nature et donc à un « état de nature » relève d'une hypothèse logique chez Hobbes, et non d'une référence historique à l'Homme-prédateur. Et d'ailleurs, un mode de résolution des conflits d'intérêts de l'homme civilisé se trouve, à défaut d'une société civile, dans la guerre civile alors même que l'état de guerre est en quelque sorte « naturel », puisque lié à la compétition et à la défiance envers les autres, compétition et défiance étant consubstantielles à l'état de nature. Dans cette pensée philosophique, la société civile est conçue pour se mettre à l'abri (fondatrice d'une sécurité donc) des inconvénients de l'état de nature (c'est-à-dire de l'insécurité liée à l'empiètement des autres) en étant construite autour de la propriété. La société civile est en quelque sorte assimilable à une société où l'on reconnaîtrait que le consentement majoritaire ne vaut pas consentement individuel au regard de « droits » de propriété différenciés, l'individualisme de la société civile se dissociant ainsi du collectivisme de la société politique.

Au XIXe siècle, A. de Tocqueville conçoit également la société civile comme autonome mais aussi comme creuset de l'expression politique car elle influence l'État.

Hegel, avec l'expression de *bürgerliche Gesellschaft*, comprend la société civile comme tous les groupes intermédiaires qui se situent entre l'individu et l'État. Le « Bien commun » s'exprime dans l'espace public de l'État et les questions de la vie en société dans celui de la société civile, ces deux espaces étant à la fois liés et déliés, l'espace public de l'État visant à rattacher l'intérêt personnel qui s'exprime dans l'espace de la société civile à un « Bien commun ».

Hegel met ainsi en exergue plusieurs principes propres à définir la société civile :

- la reconnaissance d'intérêts particuliers, intérêts compris comme étant concrets et de nature économique et sociale ;
- l'extériorité de la société civile par rapport à l'État politique comme fondement d'une société individualiste et libérale, mais fondée sur le principe universel du travail au regard de classes déterminées à partir de critères (classe substantielle ou immédiate avec les propriétaires fonciers et les paysans, classe réfléchissante ou formelle, industrielle avec les artisans, les fabricants, les commerçants avec leurs ouvriers, classe

universelle « omnisciente » avec les « intellectuels – fonctionnaires » de l'administration publique). Ces classes ont des intérêts contradictoires qui conduisent aux crises avec une misère formée d'individus (ouvriers sans travail, paysans chassés de leurs terres, artisans ruinés) qui sont mis « hors classe » et réduits à la perte du sens de l'intérêt commun. Ils représentent ainsi la concrétisation du véritable « état de nature » qui est donc un construit historique, la société politique se devant alors de les « reclasser ». Le lien social qui est le seul intérêt réellement universel ne peut découler d'une convention entre intérêts particuliers, d'où l'importance de l'État politique. À cet égard, cette conception est bien à la fois reliée à et dissociée de celle de la pensée libérale anglaise du XVIIIe siècle quant à son traitement de la pauvreté (cf. les positions de J. Locke sur la finalité de la société politique qu'il considère comme devant être la conservation de la propriété mais compte tenu de restrictions morales : il faut en laisser pour les autres et ne pas gaspiller. C'est donc aussi au regard de la question du travail qu'il distingue les pauvres « laborieux » des pauvres « mendiants », l'objet de la politique étant de transformer les pauvres « mendiants » en pauvres « laborieux »).

- La société civile se structure en trois étapes, celui de la réalisation des besoins (dialectique de la médiation des particuliers par l'universel), celui de l'appareil juridique comme processus de reconnaissance des mérites du travail accompli (dialectique de la défense des biens communs que sont la fortune collective et la propriété universelle contre l'arbitraire des individus), celui de la police et des collectivités comme institutions efficaces (dialectique de la loi et de la liberté). La dialectique propre à la société civile vise, par la conscience de la loi, à protéger l'intérêt organisé de l'arbitraire.

Cette séparation des espaces est d'ailleurs considérée comme un des actes fondateurs de la modernité, la séparation étant venue modifier l'expression de la liberté. Comme le souligne M. Bonnafous-Boucher (2006), avec la société civile, il s'agit « *de la constitution du concept universel d'Homme comme sujet rationnel de besoins et définisseur d'intérêts, égal à tous les autres dans la possession de la même liberté qui complète la qualification de l'individu déjà déterminé comme personne juridique et morale* ». Mais cela suppose bien l'existence d'un État fondateur du droit positif permettant au sujet de poursuivre ses intérêts dans le contexte de la société civile autrement menacée par l'état de nature. Les intérêts de la société civile s'organisent à un méta-niveau sous forme d'associations avec des régulations institutionnelles afin de permettre un arbitrage entre eux. La société civile (la convention) est donc adossée à un État de droit (l'institution) à défaut duquel elle ne peut « exister ».

La liberté est depuis considérée comme s'exerçant dans les trois moments que sont la famille (niveau biologique), la société civile (niveau social) et l'État (niveau politique). Dans la société civile, les individus sociaux sont considérés en tant qu'êtres sociaux et non en tant que citoyens (dans l'acception politique du terme). Les institutions politiques sont alors considérées comme venant « sécuriser » l'universel de l'arbitraire des volontés particulières offrant ainsi les conditions d'exercice de la liberté, l'ordre social étant autrement susceptible de dissoudre l'ordre politique. Le sujet assure son épanouissement dans les deux moments que sont la famille (sphère privée) et la société civile (sphère sociale). L'espace social vient se situer entre l'espace biologique de la famille et l'espace du politique, des tensions apparaissant alors entre les trois espaces. Le terrain du social est celui des foules comme celui des masses, conduisant à la construction d'une légitimité de la préférence pour l'expression de la liberté individuelle. Dans la société civile, la bourgeoisie (figure « haute » de la citoyenneté dans la mesure où le bourgeois – *Bürger* – est aussi le citoyen) et le prolétariat (sa figure « basse ») laissent en quelque sorte la place à la masse : la masse donc et non plus la classe, la masse et ses communautés ! Le rapport du politique et du social tend alors à devenir un rapport d'extériorité, le social se distinguant du politique. L'État tend, en contrepartie, à devenir un État-administratif, l'administration des choses prenant en quelque sorte le pas sur le gouvernement des hommes. Les affaires publiques sont ramenées aux affaires sociales et la gestion des hommes à la gestion des biens dans une forme de communautarisation de la société. Les faits sociaux n'étant autre chose que des faits humains, les sciences sociales qui se développent dans le cadre de l'État-administratif qui est aussi État-savant vont alors venir traiter les faits humains comme des choses. La société civile se trouve donc confrontée aux égoïsmes et aux conflits, le domaine administratif tendant à devenir l'instance de traitement de ces tensions-là, même si le politique reste le seul lieu permettant de penser la liberté. La grève, par exemple, peut être qualifiée de mouvement social mais pas de mouvement politique (où l'on parlera de révolution), même quand elle s'élève contre un État (non plus de substance politique mais administrative). Avec la référence à la société civile, on attend de l'État un arbitrage entre des revendications particulières, l'aspect « objectif » du « Bien commun » laissant place aux jouissances privées des « biens publics », la sécurité sociale prenant le pas sur la liberté politique. L'État ouvre l'espace public aux choix de « Bien commun » d'où sa « crise » quand on met en avant la notion de société civile car l'État ne peut être, comme cela, collection d'espaces privés. Il y a donc « crise » de la volonté générale et l'intervention de l'État se trouve ramenée à un rôle impossible d'émetteur d'injonctions hétéronomes à l'autonomie comme expression de la liberté des individus de la société civile.

La société civile sert donc de référence aux vulnérabilités des groupes à la lumière de relations de proximité qui s'établissent entre la personne et son environnement (social et organisationnel pour ce qui nous concerne ici). Rappelons que, par référence à la société civile, on peut distinguer deux grands types de protection : la protection civile qui garantit les libertés fondamentales et assure la sécurité des biens et des personnes dans le cadre d'un État de droit et les protections sociales qui couvrent les principaux risques pouvant affecter la vie d'un individu (maladie, accident, vieillesse, etc.) et qui concrétise l'idée de sécurité sociale. Et pourtant, constate R. Castel (2003), malgré l'hypostasie de ces deux aspects, le sentiment d'insécurité reste présent. L'aspect « irréaliste » de la demande de protection effectuée par référence à la société civile proviendrait moins d'un défaut « réel » de protection que de l'expression d'une demande « éperdue » dans la mesure où elle n'est pas adossée à un État de nature politique. Être protégé, c'est aussi, dans les sociétés modernes, révéler que l'on est menacé dans un contexte où les individus ne trouvent, ni en eux-mêmes ni dans leur entourage, la possibilité d'assurer leur protection. Les modalités de fonctionnement des sociétés du « moment libéral » conduisent à des « frustrations sécuritaires ». R. Castel nous invite à considérer le fait de savoir comment, dans le monde moderne, le clivage « propriétaires – non propriétaires », clivage d'ordre économique, juridique et politique, conduit, par référence à la société civile, à la réhabilitation des non propriétaires au travers de la construction d'un nouveau type de propriété, la propriété sociale. Des protections et des droits ont été ainsi attachés à la condition de travailleur et l'accession massive à la propriété sociale, homologue de la propriété privée, a construit une propriété pour la sécurité accessible à ceux qui étaient exclus de la propriété privée. Et, au travers de la référence à la société civile, c'est sans doute à la privatisation de cette propriété sociale dont il est question aujourd'hui. R. Castel va parler à ce sujet, de « crise de la modernité organisée » sur la base de l'incapacité croissante de l'État-nation à piloter l'économie dans le sens de l'équilibre social, d'où le leadership de cette gestion transféré à l'entreprise, signe également de son institutionnalisation. Les solidarités professionnelles, par exemple, se trouvent entraînées vers la fragmentation des intérêts professionnels et à la concurrence entre semblables, alors même que, dans l'entreprise, se met en place la mobilité généralisée des relations de travail au regard des exigences de flexibilité. L'intrusion de la flexibilité dans les perspectives organisationnelles comme dans les sociétés va de pair avec la mise en avant des mobilités nécessaires, mise en œuvre qui acte le passage de la représentation du changement de la « reconversion » à la « déconversion », aboutissant à la production de personnes « inutiles » et instillant le sentiment d'un risque chez celles qui restent « utiles ». C'est la « déconversion » qui conduit d'ailleurs à la désaffiliation et aux « délinquances » associées qui vont venir fonder la liaison « risque – sécurité – sécuritaire » et le continuum « prévention – dissuasion – répression », deux aspects liés à la référence actuelle à la société civile. C'est d'ailleurs à partir de cela que se joue la dualité « assurance – assistance ».

La référence « affaissée » à la notion de société civile comme fondement de la gouvernance au sens large reflète en fait une évolution des modes de représentation de la place de l'organisation dans la société puisque la notion de « société civile » va servir d'intermédiaire dans le passage de l'usage du terme de parties prenantes dans le corpus d'entreprise à celui de son usage à l'adresse de la société. La référence à la société civile acte alors le passage de la « classe » comme point focal à celui de « masse », sa dénomination comme « société civile » la rendant discursivement plus attrayante. C'est donc au nom de la société civile que l'on pourra multiplier à l'infini le nombre des parties prenantes au nom des pressions des groupes d'intérêts, de l'émotion qu'elles suscitent, de leur mise en scène médiatique et des sanctions obtenues en justice. Mise en scène médiatique et sanctions judiciaires fondent en quelque sorte la légitimation de la référence à la société civile au-delà de l'État. « société civile » et « partie prenante » recouvrent alors l'idée beaucoup plus triviale de multiplicité des acteurs sociaux qui coexistent, acteurs sociaux où l'on retrouve des « anciens » (cf. les syndicats) et des nouveaux (cf. les Organisations non gouvernementales, ONG). La référence à la société civile devient alors une condition d'existence de la référence à des parties prenantes et, plus largement, condition d'existence de la théorie des parties prenantes. La gouvernance est alors là afin de limiter la « sur- » prise par une des parties prenantes. Mais elle acte l'incertitude quant aux intérêts de ces parties prenantes en confondant « intérêt » et « tension sociale », ce qui permet d'autant de supprimer la référence à la seconde. Il en va ainsi, par exemple, du travail de déclassement des syndicats (anciens et alors « dépassés ») par les ONG, modernes, et justement plus en phase avec la société civile dont les syndicats seraient en quelque sorte exclus. On passe ainsi de l'affiliation « classe – conflit » à l'affiliation « masse – société civile – intérêt » dans une perspective qui permet en fait de légitimer le capitalisme comme ordre politique. La théorie des parties prenantes adressée à la société tend alors à constituer les prémisses d'une théorie de la société civile à partir de l'entreprise, théorie qui est donc fondamentalement managérialo-centrée. C'est aussi cette référence qui permet d'entrer dans la question de la gouvernance des territoires, « objets » géographiques et institutionnels « en retrait » des catégories de l'État-nation et permettant d'articuler les *footless activities* des entreprises multinationales et l'ancrage de ces mêmes activités dans les territoires. Le contractualisme inhérent à la référence à la société civile tend à faire du contrat et de son ombre, la propriété, « le » fait social total.

La gouvernance conduit alors en quelque sorte à une « éthicisation » du politique du fait de la référence à des « principes » venant fonder la délibération et en omettant de penser toute articulation entre la démocratie et la souveraineté comme on peut le voir dans le *Livre Blanc de la gouvernance* de l'Union Européenne qui offre d'ailleurs une des définitions institutionnelles de la gouvernance.

Conclusion : Les conséquences politiques d'une conception « large » de la gouvernance

Ce dont il est question ici, c'est de l'articulation entre entreprise et société sous l'angle de l'impact de l'activité d'entreprise. Mais aborder le thème de la gouvernance, c'est devoir comprendre une des catégories politiques du « moment libéral », c'est-à-dire celle de la fin de l'omniscience des pouvoirs publics. On se trouve ici face à la question de la norme au regard de la loi. Comme on l'a vu, la norme se caractérise en effet par une auto-édiction de règles de fonctionnement au nom de l'expertise et des intérêts de ceux qui les formulent, sans le caractère de territorialité et d'universalité qui caractérise la souveraineté de la loi. L'auto-édiction s'effectue dans les catégories d'un « bien commun différencié », celui des auteurs de la norme, au lieu et place d'un « bien commun général » qui sous-tend, justement, l'omniscience des pouvoirs publics. Cette omniscience trouve sa légitimité dans les catégories du politique qui, par le jeu de la démocratie représentative, se trouve à même d'édicter la loi au nom du « Bien commun ». La remise en cause de la souveraineté de la loi par la référence à la norme est donc également d'ordre politique et s'appuie sur une conception large de la gouvernance qui permet ainsi de dispenser des éléments de preuve de la représentativité.

Quant à la forme de la norme et de la loi, il n'y a pas de réelle différence. Comment en effet distinguer des lois tatillonnes de normes pointillistes quand on remarque que la non-obéissance aux normes se caractérise par la mise à l'écart du jeu social. Mais la genèse de la norme s'effectue au nom de la légitimité accordée à l'expertise, troublant ainsi la dualité classique du savant et du politique puisque, avec la norme, le savant devient le politique. La production normative caractérise ainsi la reconnaissance « d'organisations savantes » se substituant aux caractères de « l'État savant » dont M. Foucault (1971) avait analysé les enjeux politiques dans *Surveiller et punir*, par exemple. Rappelons que, pour M. Foucault, le développement de « l'État savant » s'est caractérisé par le développement des sciences humaines, notamment autour de la prison. Nous évoquons ici la même perspective pour ce qui concernerait les organisations dans le « moment libéral » avec l'extraordinaire développement des « sciences des organisations » et des techniques de gestion. Le « phagocitage » des sciences humaines, aussi bien en termes de méthodes qu'en termes d'objet (c'est l'organisation et ses préoccupations qui en deviennent l'objet dominant, d'autant que ce sont elles qui financent la recherche) en est un des signes majeurs. Parler de gouvernance, c'est nécessairement se référer à une conception du sujet dans l'organisation, conception qui rend « pensable » à la fois la socialité et le gouvernement. La gouvernance se caractérise alors, moins par différence avec les catégories de l'acception restreinte de la *Corporate Governance* que par le statut accordé, par exemple, aux *best practices* et à la manière dont elles acquièrent, par induction, force normative dans la perspective d'une gestion par les connaissances (*knowledge management*) qui en marque l'actualité. Les *best practices* conduisent ainsi à une collecte, une analyse et une reddition sur la base des *business cases* tout comme, dans d'autres domaines, par exemple celui de la sécurité sur les plateformes *offshore* de la Mer du Nord, où les *safety cases* sont venus constituer le corpus de référence au lieu et place de celui issu du travail des fonctionnaires. C'est ainsi que la connaissance organisationnelle se substitue à l'omniscience des pouvoirs publics. La déconstruction de l'omniscience des pouvoirs publics a donc pour pendant un jeu social qui fait des entreprises un des lieux privilégiés de la genèse de la norme et du contrôle de la conformité de son application par des tiers auditeurs dont « l'indépendance » supposée se substitue à cette omniscience. La *Corporate Governance* précède ainsi la *Global Governance* où les entreprises ne jouent certes que l'un des rôles (le principal du fait de leur puissance ?), mais où elles contribuent largement au déclassement des catégories de « l'État savant ». C'est un des arguments d'ordre politique qui contribuent à ce que les organisations issues de l'action des pouvoirs publics soit doivent être privatisées, soit doivent adopter les catégories gestionnaires des entreprises, ce qui contribue à leur déclassement et/ou à leur privatisation.

La gouvernance ainsi relue conduit à se référer à des « principes » et des « valeurs ». Prenons pour exemple générique celles d'Alcan, un des géants du cartel de l'aluminium avec la transparence, le travail d'équipe, la responsabilité et l'intégrité, le respect de la sécurité, de la santé et de l'environnement. Notons ainsi, en première analyse, qu'il ne manquerait plus qu'il en soit autrement et évoquons ainsi une forme de surprise à l'énoncé de ces « valeurs ». Mais notons aussi combien elles contribuent à rendre confus le contenu même de la notion de gouvernance, ouvrant son champ lexical à l'univers de la responsabilité et du risque et rendant d'autant plus aisément légitime la délibération sans fin sur son contenu du fait de la généralité des valeurs proposées. Notons enfin la confusion qui s'opère entre des « valeurs » et des « principes », comme c'est le cas pour la transparence.

En effet, au regard d'une gouvernance devenue *Global Governance*, notons l'absence de la validation démocratique bien qu'il s'agisse de valeurs et de règles, ce qui conduit à se référer à des principes de délibération afin de les légitimer. Il en va explicitement, dans l'exemple d'Alcan, du principe de transparence dont le contenu se trouve être à la fois normatif et résultat d'une délibération auditée. Mais il en va aussi implicitement du respect de l'environnement qui conduit au principe de précaution, principe qui nourrit à la fois le débat politique (n'en est-il pas question dans les chartes d'entités telles que les Nations Unies, l'Union Européenne voire d'États comme la France, par exemple) et les perspectives de la gestion du risque par les entreprises.

C'est ce qui conduit à devoir analyser deux conséquences politiques qui apparaissent au travers d'une conception « large » de la gouvernance avec :

- la substitution d'une « démocratie délibérative – participative » à la démocratie représentative, l'organisation de la délibération constituant alors l'essence de la gouvernance ;
- la multiplication des « sommets » comme jalons provisoires de la délibération.

Pour ce qui concerne la seconde conséquence, il n'est qu'à rappeler les moments d'étalonnage de la délibération : Davos, Porto Allegre, mais aussi Rio, Kyoto, Johannesburg pour ce qui concerne les Nations Unies sur la question de l'environnement et les différents sommets européens pour ce qui concerne l'Union.

Bibliographie

- Beck, U., *Pouvoir et contre-pouvoir à l'ère de la mondialisation*, Paris, Aubier-Flammarion, 2003.
- Berns, E., « Gouvernance et souveraineté à l'époque de la globalisation », *in* M. Bonnafous-Boucher & Y. Pesqueux

(eds), *Décider avec les parties prenantes*, Paris, La Découverte, 2006.

- Bonnafous-Boucher, M., « Décider avec les parties prenantes », in M. Bonnafous-Boucher & Y. Pesqueux (eds), *Décider avec les parties prenantes*, Paris, La Découverte, 2006.
- Bourricaud, F., article « civilité », *Encyclopedia Universalis.*
- Castel, R., *L'Insécurité sociale*, Paris, Seuil, coll. « La république des idées », 2003.
- Ferry, L., *L'Homme-Dieu ou le sens de la vie*, Paris, Grasset, 1996.
- Foucault, M., *Surveiller et punir*, Paris, Gallimard, coll. « nrf », 1971.
- Hegel, *Philosophie du droit*, Paris, Vrin, 1975.
- Kooiman, J., « Findings, Speculations and Recommendations », in *Modern Governance*, Londres, Sage, 1993.
- *Environmental Governance*, Introduction paper, EEC, Future Studies Unit, 1996.
- Lesourne, J., *Démocratie, marché, gouvernance – quels avenirs ?*, Paris, Odile Jacob, 2004.
- Mattéi, J.-F. & Benéton, B., « La société civile », *in* Naudet J.-Y. (ed.), *Éthique et société civile*, Librairie de l'Université d'Aix-en-Provence, coll. « Éthique et déontologie », 2004.
- Rangeon, F., « Société civile : histoire d'un mot » *in* Centre Universitaire de Recherches Administratives et Politiques de Picardie (ed), *La Société civile*, Paris, PUF, 1986.
- Theys, J., « La gouvernance, concept utile ou futile ? », *Économie & Humanisme*, n° 360, 2002.

Histoire et prospective de la souveraineté Une relecture de Bertrand de Jouvenel et de Jacques Ellul

Hervé COUTAU-BÉGARIE

La souveraineté, c'est l'autorité suprême qui ne connaît rien au dessus d'elle. C'est une notion qui a servi de base à la théorie politique depuis des temps reculés, encore qu'il y ait un affrontement, jamais tranché, entre ceux qui soutiennent que la souveraineté est consubstantielle au pouvoir politique, et ceux qui soutiennent qu'il s'agit d'un phénomène daté et localisé dans l'histoire des structures politiques. Ce qui est certain, c'est que la souveraineté est aujourd'hui au cœur du débat politique, ou qu'elle tend à y revenir après une période d'éclipse. Elle est confrontée à un phénomène que l'on appelle communément la mondialisation et que l'on ferait mieux d'appeler la globalisation, car la mondialisation suggère simplement un élargissement géographique, une dilatation à l'échelle de la planète sans changement de nature, alors que la globalisation suggère une extension à la fois horizontale et verticale, comme Raymond Aron l'avait finement analysé dès le début des années 1970, avec une multiplication des plans sur lesquels se développent dorénavant les relations internationales[1].

---

1 Raymond Aron, *République impériale. Les États-Unis dans le monde 1945-1972,* Paris, Calmann-Lévy, 1973.

Avec la concurrence du système interétatique par le système économique, les acteurs économiques tendent de plus en plus à s'émanciper de la tutelle des États, et une société internationale qui n'accepte plus d'être bridée par les États est en voie d'émergence. Le phénomène de globalisation tend à engendrer un universalisme : même si, dans les faits, la chose est plus compliquée, il se présente finalement comme un niveleur des souverainetés traditionnelles : on entend dire, depuis un certain temps déjà, et c'est devenu presque un lieu commun, que face à des menaces globales, diffuses, transnationales, l'État n'est plus un cadre adapté pour répondre à ces menaces. Or, cette montée quasi irrésistible de la globalisation secrète logiquement son contraire, à savoir des réactions contre ces changements, contre ces remises en cause : c'est ce que l'on appelle aujourd'hui, de manière un peu vague, les phénomènes identitaires. Lorsque ceux-ci se cristallisent sur la question nationale, cela donne naissance à un courant politique nouveau, le souverainisme, dont le nom dit bien ce qu'il entend placer au cœur de sa problématique. Ce souverainisme, au départ, pouvait passer pour un truisme, pour une banalité, puisque la souveraineté était censée être au cœur du pouvoir politique, paraissait être une donnée préalable allant de soi. Aujourd'hui, comme elle ne va plus de soi, il faut l'affirmer. Le terme est apparu au Canada, plus précisément au Québec, qui réclamait son État, sa souveraineté. Il est plus surprenant de le voir repris aujourd'hui dans des pays supposés souverains, mais qui doutent de leur souveraineté. La France en est le meilleur exemple. Le député souverainiste Paul-Marie Coûteaux est le chantre, le tenant le plus talentueux et le plus prolifique, de ce courant.

Cette souveraineté est non seulement ambiguë et polymorphe, mais en plus elle est duale, à la fois interne et internationale[2]. Ce sont deux faces d'un même phénomène et non pas deux phénomènes différents. Sur un plan interne, on parle de la souveraineté du peuple, de la souveraineté de la Loi, ce qui renvoie à la substance originaire, la norme fondamentale, la source de laquelle découle tout le reste. Sur le plan international, c'est le problème de la souveraineté de la nation, c'est-à-dire sa capacité à décider sans être contrainte par une autre. Cette souveraineté

---

2 Comme l'était l'*imperium* à Rome, pouvoir du peuple sur la cité avant de devenir, avec Auguste, domination de Rome sur le monde.

s'est toujours conçue dans un cadre national, particulièrement en France. Elle a été marquée par une lutte contre des pouvoirs autres qui prétendaient la brider : le pouvoir de l'Église contre laquelle la monarchie française a commencé à combattre dès Philippe le Bel. Mais aussi celui des empires, particulièrement le Saint Empire romain germanique[3].

Aujourd'hui, ce combat contre les empires a été remplacé par un combat contre le fédéralisme, dans le cas des nations européennes, et, plus généralement, contre le cosmopolitisme incarné par l'ONU, mais également par les organisations non gouvernementales. Ce problème de la souveraineté est donc au cœur du débat politique contemporain. On pourrait l'aborder de plusieurs manières, à travers de multiples auteurs. L'un des plus importants, dont il faut regretter qu'il ne puisse être traité dans ce colloque, est Carl Schmitt, dans ces grands classiques que sont la *Théorie de la Constitution* pour le volet interne et *Le Nomos de la terre* pour le volet international. Mais j'ai choisi deux auteurs français : le phénomène identitaire, le souverainisme, se manifeste déjà.

Bertrand de Jouvenel, né en 1903, mort en 1985, a été un journaliste très célèbre pendant l'entre-deux-guerres, notamment pour un fameux entretien obtenu avec le chancelier du IIIe Reich qui avait fait couler beaucoup d'encre à l'époque et après. Il a été un écrivain très prolixe, notamment en philosophie politique, entamant dès la seconde guerre mondiale une réflexion issue de la guerre totale, sur la croissance monstrueuse du pouvoir. Il a également été un grand fondateur de la prospective en France avec Gaston Berger. Il a été à l'origine du groupe *Futuribles*[4]. Ses ouvrages ne sont que partiellement réédités aujourd'hui. Le

---

3 Si l'on peut émettre un vœu, c'est que l'on réfléchisse sur cet objet politique mal identifié qu'était l'empire romain germanique : l'ouvrage de Pufendorf, très ancien, contient des réflexions remarquables à ce sujet. Un auteur totalement oublié aujourd'hui, qui est l'un des plus importants auteurs de la science politique et de la philosophie politique contemporaine, James Bryce, mériterait amplement d'être redécouvert. En son temps, au début du XXe siècle, on l'avait appelé le nouveau Tocqueville. Il avait écrit un livre célèbre sur le Commonwealth américain, et un autre sur le Saint empire romain germanique (*Le Saint Empire romain germanique,* Paris, Armand Colin, 1890) qui mériterait une étude attentive.

4 Une excellente biographie : Olivier Dard, *Bertrand de Jouvenel,* Paris, Perrin, 2008.

plus connu est *Du pouvoir*, paru en 1945 en Suisse, dans lequel il aborde pour la première fois le problème de la souveraineté, problème qui lui paraît tellement important qu'il y reviendra en 1955, dans un livre qui s'appelle *De la souveraineté*, étant précisé que le contenu ne correspond pas exactement au titre de l'ouvrage. Il y reviendra encore dans un livre paru en 1969, *De la politique pure*, qui présente la caractéristique remarquable, pour un auteur purement français, d'avoir été écrit en anglais : quand on a voulu le publier en français, une équipe a dû traduire son livre. Viennent ensuite, en 1972, *Du principat*, qui est un recueil d'articles, puis un cours de la faculté de droit à Paris, édité tardivement : *Les Débuts de l'État moderne,* en 1976. À côté de ce volet philosophique, il y a le volet économico-prospectif, représenté des livres également classiques : *L'Art de la conjecture* en 1964, *Arcadie, essais sur le mieux-vivre* en 1968 ou *La Civilisation de puissance* en 1976.

Jacques Ellul, qui a été mon maître à l'université de Bordeaux, né en 1911, était historien du droit[5]. Son *Histoire des institutions*, en quatre tomes, a été traduite dans de multiples langues. Il était protestant « jusqu'au bout des ongles », et cela nous a valu une œuvre imposante de théologien. Surtout, il a été l'analyste de la société technicienne. Il avait l'ambition de faire au XXe siècle ce que Marx avait fait au XIXe. Là où Marx voyait l'économie comme facteur déterminant, lui a vu la technique comme facteur déterminant. Il a exposé cela dans l'un des plus grands livres qui ait été écrit au siècle dernier, prophétique à maints égards : *La Technique ou l'enjeu du siècle,* paru en 1954. J'ai eu l'honneur de le rééditer il y a quelques années, avec une nuance passée inaperçue : cette réédition était, en fait, la deuxième édition qui aurait dû paraître en 1960 et qui n'était jamais parue. Personne ne semble avoir noté qu'entre les deux éditions, il y a quelques altérations significatives. Il a ensuite développé les conséquences logiques de sa démonstration générale dans de nombreux livres : *Propagandes* en 1960, *L'Illusion politique* en 1965, son diptyque sur la révolution en 1968-1969 : *Autopsie de la révolution* et *De la révolution aux révoltes*, dans lequel il montre, de manière logique, à quel point la technique annihile toute possibilité de contestation réelle et de révolution, entendue comme une mutation des facteurs qui conditionnent la vie

5 Il n'existe pas encore de biographie d'Ellul.

sociale. Le système technicien n'autorise plus qu'une contestation purement rhétorique, incantatoire, qui peut être spectaculaire, qui peut avoir des conséquences au niveau des mœurs – c'est mai 68 –, mais qui ne remet pas en cause le vrai déterminant de la société contemporaine, à savoir la technique. Ensuite, il montrera à quel point cette société technicienne, qui secrète une rationalité qui se veut pure et froide, produit des aberrations, c'est-à-dire des réactions fortes dans le domaine des croyances. C'est son livre de 1973, *Les Nouveaux possédés*, qu'il faudrait relire au moment où les sectes prolifèrent. Puis en 1977, avec *Le Système technicien,* il reviendra à sa démonstration d'origine, avec un appareil méthodologique différent : l'analyse systémique.

Dans la généalogie des idées, il faudrait découvrir ces auteurs de second rang qu'on ne lit plus, qu'on ne lit pas ou parfois que l'on n'a jamais lus. Ellul s'inspire très largement, il l'a dit lui-même à maintes reprises, des idées de son grand ami Bernard Charbonneau qui a produit une œuvre abondante, dominée par quelques livres remarquables, notamment *L'État*, dont on retrouve l'influence chez Ellul, mais également chez d'autres auteurs – aussi bien Alain Touraine que les pseudo anarcho-marxistes en tous genres des années 70. Mais Charbonneau était un véritable contestataire : il avait horreur des éditeurs. *L'État* se présentait sous forme d'épave, de serpillière ronéotée, quasiment illisible, tirée à 300 exemplaires. Évidemment, ce livre n'a pas eu un rayonnement médiatique ou public considérable, mais il a été réédité peu de temps avant sa mort[6].

Le point commun entre Jouvenel et Ellul, si l'on ose dire, c'est qu'ils se situent aux deux extrémités. Jouvenel dresse l'acte de naissance de la souveraineté, alors qu'Ellul établit son constat de décès. Jouvenel le dit très clairement dès *Du pouvoir*, paru en 1945. Le livre a été écrit en 1942-1943 dans le calme de l'abbaye de La Pierre-qui-Vire : toutes les théories de la souveraineté dérivent d'un « *tronc commun* » : « *l'idée qu'il y a quelque part un droit auquel les tous autres cèdent* »[7].

Au départ, il y a la souveraineté divine, mais elle n'a pas du tout les conséquences qu'on lui attribue. Jouvenel l'a fait remarquer parmi les premiers, il a été en tout cas le premier à faire

---

6 Bernard Charbonneau, *L'État,* Paris, Économica, 1988.

7 Bertrand de Jouvenel, *Du pouvoir,* Paris, Hachette-pluriel, 1978, p. 57.

sortir cela des exégèses confidentielles des spécialistes pour le révéler à un public plus large : dans la conception divine de la souveraineté, il n'est absolument pas question de pouvoir absolu, contrairement à la conclusion qu'en tirera, par un renversement spectaculaire, Bossuet beaucoup plus tard. Quand saint Paul dit : « *Tout pouvoir vient de Dieu* », cela ne signifie nullement que le pouvoir est absolu, qu'il faut obéir au détenteur du pouvoir comme à Dieu lui-même, mais, au contraire, que le détenteur du pouvoir doit constamment rendre compte à Dieu de qui il tient son pouvoir. Le véritable sens de la formule paulinienne, c'est donc une limitation du pouvoir. Jouvenel donne de multiples exemples des grands canonistes médiévaux, par exemple, qui ne cessent d'insister auprès du détenteur du pouvoir, qu'il s'agisse du roi de France ou d'Angleterre : « *Vous n'êtes pas le maître de votre peuple, vous êtes le serviteur des serviteurs de votre peuple* » et « *La Loi ne trouve pas sa source dans le bon vouloir du roi, donc l'arbitraire, elle trouve sa source dans une loi naturelle qui découle de la révélation divine* ». L'affirmation de la souveraineté divine s'identifie à ce qu'ils appellent la petitesse du pouvoir, à un pouvoir limité. Elle trouve des traductions tout à fait concrètes dans l'organisation politique. Jouvenel montre bien que ce pouvoir n'est pas seulement limité par la référence à Dieu, parce qu'il n'est pas du tout certain que Dieu se manifestera en permanence pour signaler au détenteur du pouvoir les excès qu'il peut commettre, mais par la multiplication dans la société de contre-pouvoirs, aussi bien ecclésiastiques que laïcs. C'est la formule célèbre opposée à un roi de France effectuant sa grande entrée dans une ville de son royaume : « *Sire, nous sommes vos humbles sujets, mais avec nos privilèges* ».

À côté de ce volet interne, il existe un volet international, avec des conséquences similaires. Dès lors que la souveraineté vient de Dieu, il en résulte que l'État, on ne dit pas encore la Nation, ne constitue pas une fin en soi. L'État n'est pas un absolu, c'est une part d'une communauté qu'on appelle la *res publica christiana*. Le Prince est très chrétien en France, catholique en Espagne, très fidèle au Portugal, apostolique dans le Saint Empire, défenseur de la foi en Angleterre. Ceci lui impose des obligations. Là encore, on voit les conséquences concrètes de l'affirmation de ce principe : le Prince étant chrétien, il doit respecter des règles qui limitent son pouvoir à l'échelle internationale comme à l'intérieur. Elles s'expriment notamment dans la doctrine de la guerre juste, une des grandes constructions des théologiens et canonistes médiévaux, entamée dès saint Augustin et saint Isidore à la fin de l'Antiquité, et portée à sa perfection jusqu'à saint Thomas d'Aquin, avec les deux volets : le *jus ad bellum* et le *jus in bello*. Le *jus ad bellum*, le droit à la guerre, n'est pas absolu. Dans la conception chrétienne de la souveraineté, la guerre n'est admise que si elle répond à diverses conditions : une proportionnalité à l'enjeu poursuivi, une juste cause, une intention droite.... On ne fait la guerre que pour défendre son territoire ou sa population, éventuellement pour défendre son honneur ou son allié. Comme dans le système contemporain, l'idée d'une guerre d'agression est proscrite. Le *jus in bello*, le droit dans la guerre, s'efforce d'en limiter les effets, notamment vis-à-vis de la population civile.

Tout cela constitue une construction extrêmement impressionnante, mais, dès le XIVe siècle, Guillaume d'Ockham et Marsile de Padoue constituant à cet égard des tournants, elle va commencer à être soumise aux coups de boutoir furieux de la sécularisation. La sécularisation de la pensée va substituer à Dieu la raison et la société. La souveraineté ne résulte pas d'une loi divine ou d'un don divin, elle réside dans la société elle-même, qui a signé implicitement un contrat social. Rousseau se contentera de porter cette idée du contrat social jusqu'à ses plus extrêmes conséquences. Mais on la voit déjà en germe, de manière très nette, chez les grands canonistes et internationalistes du XVIe et du XVIIe siècle, et notamment chez les plus grands d'entre eux, Vittoria, Suarez.

On en arrive à cette conséquence, bientôt théorisée et mise en pratique, que la souveraineté de la loi va se substituer dorénavant à la souveraineté divine et aboutir à la souveraineté de celui qui fait la loi. Cela va prendre des formes différentes : en Angleterre, ce sera la souveraineté du Parlement ; en France, avec Bossuet, la souveraineté et l'absolutisme du Roi. Mais la matrice de raisonnement est la même, avec des conséquences notables dans l'ordre interne et externe. Dans l'ordre interne, cela va être le nivellement, l'écrasement progressif des privilèges dont jouissaient auparavant les sujets, et donc la croissance du pouvoir. Dans l'ordre international, c'est la fin de la *res publica christiana*. Dorénavant, le droit international ne sera plus le droit d'une communauté internationale unie par un idéal supérieur malgré ses divisions, ce sera purement et simplement un droit des États. Et ceux-ci vont abolir tous les freins qui s'opposaient auparavant à l'exercice de leur puissance. Si le *jus in bello* sera maintenu, le *jus ad bellum* va disparaître. À partir du XVIIe siècle, les exigences de proportionnalité ou de juste cause sont totalement évacuées, on ne retient plus que des obligations de compétence – un prince souverain – et de forme, avec l'obligation d'une déclaration de guerre avant de commencer la guerre.

Jouvenel montre tout cela de manière éclairante, dans une langue superbe. C'est un véritable écrivain maniant un français somptueux, qui nous change agréablement du jargon que l'on trouve trop souvent aujourd'hui, avec une érudition historique immense, au service d'une thèse centrale : cette dynamique du pouvoir engendre une croissance continue, avec comme conséquence que cette croissance du pouvoir devient sa propre fin et aboutit finalement – on arrive, malgré tout, à se rapprocher d'Ellul – à la disparition du souverain. Car le souverain peut tout, mais dès lors qu'il a délégué, c'est le délégué, que ce soit une assemblée ou un prince, qui s'approprie la souveraineté et devient omnipotent. On en arrive à ces propositions monstrueuses que l'on trouve déjà chez Spinoza ou chez Hobbes, à savoir que, quelle que soit la loi promulguée par le souverain, les citoyens ne peuvent en aucun cas s'en plaindre, puisque le souverain, c'est eux, et que le bon sens commande que l'on ne fasse jamais rien contre soi-même, dès lors que l'on a consenti à la loi.

Cette idée va se retrouver chez Ellul, à savoir une extension du pouvoir qui aboutit à l'écrasement du citoyen. Il l'a développée dans un très grand nombre de livres, dont le plus important, pour notre sujet, est *L'Illusion politique*, paru en 1965. Il y expose deux thèses principales, l'une tout à fait commune – en tout cas déjà largement connue de son temps, et qui n'est, au fond, que la reprise, sous une forme rénovée, des thèses de Roberto Michels ou de Moïsei Ostrogorski sur la loi d'airain des oligarchies, à savoir l'illusion du citoyen qui croit contrôler les gouvernants alors qu'il ne contrôle rien du tout. Ellul reprend des démonstrations qui avaient été faites avant lui, sur la perte de contrôle des citoyens qui émettent un vote purement formel sur des hommes politiques devenus de véritables professionnels, issus d'un filtre par les partis politiques, et qui imposent aux citoyens des choix dont ils ne voudraient pas nécessairement. Cela paraît assez bien vu aujourd'hui, quand on voit, par exemple, un référendum qui a donné un résultat relativement clair en 2005 balayé par l'autorité politique d'un trait de plume seulement deux ans plus tard.

Là où Ellul va plus loin que ses prédécesseurs, c'est qu'en même temps que l'illusion du citoyen qui croit contrôler les gouvernants, il dénonce une deuxième illusion : celle des hommes politiques qui croient contrôler l'organisation politique. Fidèle à son déterminisme systémique, avec une technique d'où tout découle, Ellul pense que les gouvernants ne sont pas plus capables que les citoyens de contrôler véritablement le fonctionnement de la machine politique. L'appareil bureaucratique a pris son indépendance. Selon une formule qu'il développe avec beaucoup de vigueur, la bureaucratie, qui n'était qu'un système de transmission, est devenue un système de décision. Dorénavant, il y a de moins en moins de grandes décisions qui peuvent véritablement transformer la société, dès lors que la technique n'autorise plus de révolution et que l'on demande plutôt aux hommes politiques de gérer la société technicienne par un ensemble de micro-décisions qui sont précisément techniques et ne peuvent être prises que par des spécialistes. L'homme politique n'est plus appelé que pour valider, légitimer, des décisions qui ont été prises, hors de lui, par une technostructure. Dans cette conception, il est clair que la souveraineté au plan interne n'existe plus. Dans *L'Illusion politique*, Ellul parle peu de l'aspect international, se focalisant sur cet aspect interne, mais il développera, au moins en filigrane, davantage l'aspect international dans son livre de 1977, *Le Système technicien*. Il énumérera notamment les caractéristiques du système technicien, l'automatisme, l'universalité… avec cette idée facile à déduire, même s'il n'en tire pas toutes les conséquences – à savoir que dorénavant il y a un mimétisme, un modèle technicien qui impose sa loi universelle, qui est destructeur des cultures.

Évidemment, la question qui se pose est de savoir si ce constat terriblement logique ne dissimule pas parfois des contradictions. Son rejet de la technique s'est, par exemple, accompagné d'une admiration sans bornes pour le marxisme tchèque, qui a essayé de rénover le communisme contemporain avant de trouver sa faillite dans le printemps de Prague. Le théoricien majeur était Radovan Richta, dont le livre *La Civilisation au carrefour* avait, à l'époque, connu un grand retentissement. Or, Richta fait l'apologie de la technique. Comme il n'y avait pas de solution politique pour sortir du système soviétique, Richta mettait ses espoirs dans une modernisation technique qui obligerait le système à évoluer sans qu'il s'en aperçût. Être à la fois le contradicteur de la technique chez soi et l'admirateur d'un homme qui plaçait tous ses espoirs dans la technique, c'était quand même un peu compliqué. Dans l'un de ses derniers livres, *Changer la révolution*, Ellul semblait converti au microprocesseur avec des espoirs quant aux effets décentralisateurs de la révolution informatique qui commençait à s'amorcer, ce sur quoi on peut être sceptique.

Ce genre de contradiction est inévitable dans une pensée aussi ample qui a essayé d'embrasser toute l'évolution des sociétés contemporaines. Mais le problème de fond est celui du déterminisme systémique. Le reproche principal que l'on peut adresser à Ellul tient au caractère unilatéral de son analyse, centrée sur le système, alors que la bonne démarche avait été énoncée à peu près en même temps par Michel Crozier, avec un jeune auteur allemand, Erhard Friedberg, dans un livre important *L'Acteur et le système* : la démarche systémique n'exclut pas, au contraire elle doit être complétée par la démarche stratégique. Il peut y avoir un déterminisme systémique, celui-ci n'exclut pas au moins une marge d'autonomie des acteurs. Élire Georges Pompidou ou François Mitterrand, De Gaulle ou Gaston Deferre, ce n'est quand même pas la même chose, même si l'on peut suggérer qu'à des degrés divers ils auraient plutôt tendance finalement à faire la même politique. La technique doit-elle en être rendue seule responsable ? Ne faut-il pas faire intervenir des facteurs culturels et même proprement politiques ? La question mérite d'être posée.

La démarche d'Ellul n'a pas pris suffisamment en compte un certain nombre de données factuelles. Dans les années cinquante, *La Technique ou l'enjeu du siècle* était très largement imprégné par les théories de la convergence : sous l'impact de cette société que l'on appelait encore industrielle, qu'Ellul appelait société technicienne, les deux systèmes étaient nécessairement appelés à se rejoindre. Or, ces théories de la convergence ont fait faillite. Les années soixante ont été l'époque du fonctionnalisme, ou plutôt du néo-fonctionnalisme de Ernst Haas. Sur le modèle de l'intégration européenne, celui-ci a prophétisé l'intégration universelle par blocs régionaux. Dès 1975 – fait très rare, c'est l'auteur lui-même qui l'a fait – Haas a dressé le constat de décès de sa propre théorie. Aujourd'hui, nous sommes à l'époque de la globalisation. Va-t-elle réussir là où la convergence et le fonctionnalisme ont échoué, ou au contraire, les phénomènes identitaires et les réactions souverainistes vont-ils être d'une telle force qu'à la fin ils parviendront à enrayer le mouvement ? C'est une question centrale qui, pour l'instant, n'appelle pas de réponse[8]. Notons simplement qu'au début des années 1990, dans l'ivresse de l'écroulement de l'Union Soviétique, on croyait que la messe était dite. D'où le succès planétaire de la thèse de Fukuyama sur *La Fin de l'Histoire*. Quelques années après, on a eu le même succès planétaire pour l'antithèse de Fukuyama, avec la thèse de Samuel Huntington sur *Le Choc des civilisations*. Cela prouve au moins que le dernier mot n'est pas dit et que le cadavre de la souveraineté bouge encore.

8 Essai de prospective dans Hervé Coutau-Bégarie, *2030 la fin de la globalisation,* Perpignan, Tempora, 2008.

Exercice de la souveraineté et processus de décision politico-stratégiques[1]

Anne MARCHAIS-ROUBELAT
Fabrice ROUBELAT

Lorsque, au cours de la campagne d'Italie, Bonaparte se dirige sur Milan, le Directoire ne lui en a pas encore donné l'ordre. Cet épisode illustre la problématique des relations de dominance entre le politique et le militaire dans l'exercice de la souveraineté qui sous-tend l'action militaire. L'interaction entre le politique et le militaire pose ainsi la question du « partage » de l'exercice de la souveraineté par différents acteurs dès lors que « *la souveraineté nationale appartient au peuple, qui l'exerce par ses représentants et par la voie du référendum* » et qu'« *aucune section du peuple ni aucun individu ne peut s'en attribuer l'exercice* » (article 3 de la Constitution de 1958). Dans les *Nouveaux mots du pouvoir*, Denis Piérard nous rappelle l'étymologie latine (*superanus :* supérieur) du mot cependant que la première définition que nous donne Émile Littré de la souveraineté dans son dictionnaire de la langue française est « autorité suprême ». Piérard définit la souveraineté comme la « *propriété d'une puissance supérieure,*

1 Les modèles présentés dans ce texte sont issus d'une étude technico-opérationnelle, l'Étude Décistrat qui a été menée en 2001 pour le compte de l'état-major des armées, à l'époque par le Centre d'analyse de défense de la Délégation générale pour l'armement. Ces modèles comme les analyses qui en sont tirées n'engagent que les auteurs et ne sauraient engager le Ministère de la Défense.

l'attribut d'une instance telle que nul organe ne lui impose sa loi » ainsi que comme, « *dans un sens plus restreint, l'attribut de l'être qui fonde l'autorité de l'État, l'attribut de l'être en lequel l'État puise en le représentant, sa légitimité* » (Piérard, 2007). Ce faisant, il nous rappelle que si pour Jean Bodin (1576), « *la souveraineté est la puissance absolue et perpétuelle d'une république* », elle est pour Jean-Jacques Rousseau inaliénable et indivisible, la souveraineté étant « *l'exercice de la volonté générale* » telle que Rousseau la qualifie dans *Du contrat social* (1762). Une telle approche, si elle traduit le sens communément accordé à cette notion, rapporte à notre univers matériel un problème métaphysique, voire théologique, bien connu : si l'autorité suprême « est », elle ne se manifeste pas directement en tant que telle. En d'autres termes, ce qui est n'agit pas. Appliquée à un problème organisationnel concret, la question n'est pas « *être ou ne pas être* », mais bien : « *être ou faire* ».

Ainsi donc, la souveraineté traduit une volonté mais il faut distinguer l'expression de cette volonté de sa traduction en actes. L'expression de la souveraineté d'un pays s'exprime au niveau des dirigeants de ce pays, et s'adresse aux dirigeants d'autres pays. Elle s'exerce au moyen d'une organisation à laquelle est délégué le pouvoir de traduire la volonté souveraine en actes concrets. Or, le passage de l'intention (virtuelle) au résultat (concret) pose problème. En effet, par le simple fait qu'ils l'appliquent, les actes déforment la volonté qui les fait naître. Aussi, quand elle s'exerce, la souveraineté n'est pas seulement subie mais encore utilisée – de fait – par ceux qui l'expriment. C'est ainsi notamment que l'armée est soumise au pouvoir politique, mais que ce même pouvoir politique dépend en retour des capacités d'action de l'armée : l'exercice de la souveraineté engendre des relations complexes de pouvoir au cours des processus de décision politico-stratégiques, c'est-à-dire de processus faisant interagir le politique et le militaire. De surcroît, ces relations ne sont pas stables dans le temps, elles dépendent des circonstances diplomatiques, politiques et militaires. Il faut en particulier distinguer les périodes d'opérations (qu'il s'agisse d'une guerre déclarée ou non) et les périodes hors opérations. Aussi l'objet de cet article consiste-t-il à proposer des éléments de réflexion sur la souveraineté, vue sous l'angle des rapports entre le militaire et le politique lors de la prise de décision politico-stratégique.

Pour modéliser les relations entre le politique et le militaire, nous distinguerons deux formes de dominance (Marchais-Roubelat, 2000) :

- la dominance forte où l'acteur dominant est celui qui transforme les contraintes décisionnelles de l'acteur dominé. De ce point de vue, le chef qui donne un ordre est un acteur dominant sur ses subordonnés ;
- la dominance faible où l'acteur dominant transforme les conséquences que l'acteur dominé attendait de ses actes. Deux cas de figures sont alors possibles : la dominance faible s'exerce *ex ante* ou *ex post*. Un exemple de dominance *ex ante* se produit lorsqu'un conseiller persuade un décideur que sa décision ne lui permettra pas d'atteindre les résultats escomptés, au point qu'il réussit à lui faire changer d'avis. Le conseiller a transformé les conséquences envisagées par le décideur avant que celui-ci ne fasse mettre en œuvre sa décision. Par contre si la mise en œuvre n'a pas conduit aux résultats recherchés, le décideur subit une dominance faible *ex post* : si le corps d'armée dirigé par Augereau a du retard, ce dernier exerce de fait une dominance faible *ex post* sur Bonaparte.

Nous appliquerons dans un premier temps ces deux concepts de dominance au cas historique que nous avons évoqué plus haut : il s'agit, pendant la campagne d'Italie de 1796, du problème que pose à Bonaparte la signature de l'armistice de Cherasco. Dans un second temps, nous appliquerons les règles et les concepts issus de cette étude de cas historique à l'analyse des relations entre l'état-major des armées et le pouvoir politique en France. En effet, si le processus de décision politico-stratégique est considéré comme une *action*, au sens de processus au cours duquel un ou plusieurs acteurs effectuent des choix successifs, le chef d'état-major des armées apparaît comme un « intégrateur de règles » (de Bayser, 2002) remplissant les fonctions de conseiller mais aussi relais du politique, et de commandant mais aussi relais du militaire. Il s'agira alors de proposer, à partir des résultats d'une recherche-action concernant les processus de décision politico-stratégiques, une modélisation des relations de dominances qui contraignent et permettent à la fois les décisions du chef d'état-major des armées.

Des relations de dominance dans l'action. Le cas de la campagne d'Italie

Si la souveraineté « est » – inaliénable et indivisible – son exercice est délégué à des acteurs qui en tirent leur pouvoir d'agir de deux manières : soit le pouvoir de faire par la délégation d'exécution, soit le pouvoir de faire faire par la délégation d'autorité. Il existe par conséquent des relations complexes entre l'acteur qui est souverain et celui qui lui est soumis mais qui exerce sa souveraineté. C'est ainsi que le militaire est soumis au politique dont il tire à la fois sa capacité et ses contraintes d'exécution. Mais c'est aussi le militaire qui – dans le cas général – soumet au décideur politique la ou les décisions stratégiques à prendre. Le processus de décision politico-stratégique est donc le fruit de cette interaction entre le politique et le militaire, d'où une double relation de dominance. Le Politique exerce une dominance forte sur le Militaire lorsqu'il lui donne des objectifs et lui impose des contraintes décisionnelles (notamment en termes de budget), voire lorsqu'il intervient à son échelle : c'est le cas du micro-management. Mais le Militaire exerce une dominance faible sur le Politique lorsqu'il transforme les conséquences des décisions politiques, soit en-dehors des opérations lorsqu'il le conseille en tant qu'expert par exemple, soit au cours des opérations, qu'il s'agisse de la planification ou de l'adaptation à la situation.

Ces relations sont illustrées de manière intéressante par le problème politico-stratégique que pose la signature du traité de Cherasco à Bonaparte et la façon dont il le règle donne à réfléchir sur la formulation même de ce problème. Nous verrons comment l'autonomie de décision du Directoire engendre un risque militaire, que nous replacerons dans sa dynamique temporelle, à partir des notions de phase et de séquence.

Bonaparte, qui a été nommé le 2 mars 1796 général en chef de l'Armée d'Italie par le Directoire, obtient moins de deux mois plus tard la capitulation sarde (lettre de Colli du 26 avril). Il signe le 28 avril avec les représentants de Victor-Amédée III l'armistice, qui lui donne en même temps l'autorisation de passer le Pô à Valence. Toutefois, Colli représente toujours une menace : tant que le Directoire n'a pas signé la paix, les hostilités peuvent reprendre. Or, le moment est particulièrement délicat pour Bonaparte qui risque d'être pris en tenailles entre Colli le Sarde et Beaulieu l'Autrichien. Par ailleurs, il n'est pas complètement sûr qu'un scénario selon lequel le Directoire, en désaccord avec les clauses, ne signerait pas la paix, puisse être écarté. À partir du moment où il a signé l'armistice, Bonaparte se trouve ainsi confronté à un problème stratégique majeur, qui dépend de données futures (la décision du Directoire) et hasardeuses.

L'origine du problème est double : structurelle et conjoncturelle. Structurellement en effet c'est un problème de souveraineté : c'est parce que le Directoire a attribué à Bonaparte la mission de traduire sa volonté souveraine en actes militaires que celui-ci a pu, en tant que vainqueur sur le terrain, signer l'armistice. Donc le Directoire, décideur politique, exerce de façon structurelle une dominance forte sur Bonaparte, décideur militaire. Cette dominance forte, qui établit de façon durable des contraintes décisionnelles sur Bonaparte, peut être qualifiée de « règle ». Par la suite, on appellera « phase » la durée pendant laquelle la règle fonctionne.

En imposant les conditions de l'armistice, Bonaparte établit à son tour une dominance faible sur le Directoire : si ce dernier a bien confié à Bonaparte la mission de « *détacher la Sardaigne de l'alliance autrichienne, l'agrandir aux dépens du Milanais pour en arriver à une alliance défensive et offensive avec elle* » (*Clausewitz*, 1898, p. 16), il n'a pas pu prévoir *ex ante* les clauses d'un éventuel traité. Toutefois, cette dominance faible est conjoncturelle, elle est créée au moment de la signature du traité par Bonaparte et s'achèvera dès que le Directoire l'aura entériné ou rejeté. À court terme donc, la dominance faible de Bonaparte ne remet pas en cause la dominance forte du Directoire ; au contraire elle la respecte. Par conséquent, d'un point de vue dynamique, la dominance faible exercée par Bonaparte sur le Directoire participe au fonctionnement de la phase en cours.

La signature de Bonaparte, acteur militaire exécutant la volonté du Directoire, ne suffit cependant pas. D'un point de vue diplomatique, il faut que le Directoire lui-même exprime sa souveraineté (qu'il a déléguée mais pas aliénée) auprès des dirigeants sardes pour que l'armistice devienne définitif. Cette situation pérennise la souveraineté du Directoire mais fait en même temps porter un risque sur son exercice si elle engendre une défaite militaire : pendant le délai qui sépare la signature du traité par Bonaparte et la décision souveraine du Directoire de l'entériner ou non, Colli est susceptible de reprendre l'offensive. Ce délai définit un intervalle de temps caractérisé par un problème militaire stratégique au sein de la phase en cours. Cet intervalle de temps, qui apparaît de manière conjoncturelle au cours du fonctionnement structurel de la phase, sera appelé « séquence » par la suite.

Ainsi donc, une séquence militaire particulière émerge dans le contexte de la phase caractérisée par la dominance forte du Directoire sur Bonaparte. Cette séquence est caractérisée par une dominance faible de Bonaparte sur le Directoire et elle est datée : elle débute avec la signature de l'armistice par Bonaparte et s'interrompra lorsque le Directoire annoncera officiellement sa décision. Pendant ce laps de temps, Bonaparte ne peut pas forcer la décision du Directoire puisqu'au contraire il subit sa dominance forte. Par contre il peut agir sur la vitesse et le sens de déplacement de ses armées pour ne plus risquer d'être pris en tenaille au moment de l'annonce de cette décision, quel que soit son contenu.

Par conséquent, si Bonaparte attend sur place la réponse du Directoire, Colli menacera ses arrières, lui-même ne pourra pas assurer son ravitaillement dans le Piémont avec lequel il traite, et de plus il permettra à Beaulieu de renforcer ses positions. Par contre si Bonaparte a battu Beaulieu de façon décisive avant que la décision du Directoire ne soit connue, il pourra ensuite se retourner si nécessaire contre Colli. Bonaparte ne peut pas rester passif pendant la quinzaine de jours qui le séparent de la réponse du Directoire. Il doit, au contraire, tenter de passer le Pô dans un délai très court.

Les décisions de Bonaparte précipitent les événements : dès l'annonce de la capitulation sarde il donne des ordres pour réorganiser l'armée et envoyer une avant-garde sur Acqui où il pense que se trouve Beaulieu. Deux jours plus tard, lorsqu'il signe l'armistice, Bonaparte prépare déjà le passage du Pô en obtenant l'autorisation de le franchir à Valence.

Ce type d'analyse transforme le problème décisionnel classique du choix fondé sur des états de variables de l'action (quels événements prévoir ? quels contenus décisionnels envisager, pour quels effets ?) en un problème de déplacement (quelle direction et quand ? à quelle vitesse ?). Il s'appuie sur une conception dynamique de l'action : au cours d'une phase politique et diplomatique globale qui évolue à un rythme scandé par la vitesse de communication entre les acteurs politiques, s'incruste une séquence dont le rythme dépend de la vitesse et du sens de la progression des armées en vue de l'affrontement, donc de la stratégie militaire. Le règlement concret du problème stratégique ne dépend alors plus d'un pari sur des événements à venir, imprévisibles, et sur lesquels le stratège militaire n'a aucun pouvoir d'action, mais bien de la coordination dans le présent des mouvements de l'armée par le stratège lui-même.

Cette analyse est compatible avec le déroulement des événements, auquel elle donne un sens particulier. En effet, Bonaparte demande à être informé avant l'ennemi de la décision du Directoire : dans trois lettres (*Correspondance de Napoléon*, n° 253, 257, 267) Bonaparte répète son inquiétude non pas que le Directoire ne signe pas le traité, mais que la primeur de l'annonce de la décision du Directoire ne lui soit pas réservée. Plus que la rupture, c'est le délai qui le sépare de l'annonce à la Sardaigne qui le préoccupe. Il passe le Pô à Plaisance le 7 mai et se dirige sur Milan où il fait une entrée triomphale le 15 mai. En entrant à Milan et Pavie, Bonaparte se rapproche de Turin et de Valence, et Beaulieu ayant passé l'Oglio, Bonaparte aurait le temps de battre les Sardes avant son éventuel – quoique désormais improbable – retour.

Ce même 15 mai, la paix est signée à Paris. Le 21 mai, une dépêche du Directoire annonce la conclusion de la paix avec le roi de Sardaigne et donne des ordres de mouvement pour poursuivre Beaulieu vers l'Est.

La succession des événements montre que Bonaparte n'a pas pu faire pression sur le Directoire pour maîtriser les délais de l'annonce de sa décision, ce qui est cohérent avec le fonctionnement de la phase : décideur souverain, le Directoire n'avait pas à attendre Bonaparte pour exprimer sa décision, d'autant que celle-ci entérine le traité. De plus, la dépêche donne les ordres de mouvement : le Directoire réaffirme sa dominance forte sur Bonaparte, même si les ordres arrivent après l'action. La phase continue, tandis que la séquence s'est achevée. Bonaparte a conquis le Milanais, désormais il peut continuer sa progression vers l'est et/ou effectuer sa jonction avec l'armée du Rhin.

Cet exemple illustre la nécessité de prendre en compte l'existence de plusieurs durées pour comprendre l'action : durée de la phase, qui existe tant que le Directoire exerce une dominance forte sur Bonaparte, durées des séquences comme celle qui sépare la signature du traité de Cherasco par Bonaparte et sa confirmation par le Directoire, mais aussi durées des déplacements par exemple. Ces durées sont définies par des logiques d'action à différentes échelles (politique pour la phase, diplomatique pour la séquence étudiée). Or l'allure, c'est-à-dire la vitesse de déplacement des variables pertinentes, n'est pas non plus uniforme : elle diffère d'une durée à l'autre. Par exemple : l'allure de la phase caractérisée par la relation de dominance forte est rythmée par la vitesse d'échange des courriers entre le Directoire et Bonaparte, tandis que celle de la séquence que l'on étudie à l'intérieur de la phase dépend de la vitesse des échanges diplomatiques entre le Directoire, les représentants Sardes et Bonaparte. À l'intérieur de cette séquence, il existe encore d'autres allures comme celles des mouvements des armées par exemple. Certaines allures peuvent d'ailleurs être modifiées par les acteurs : au cours de la campagne, il est arrivé que Bonaparte stoppe net ses armées qui étaient la veille à marches forcées.

Dans une conception dynamique de l'action, la compréhension des rythmes est nécessaire à la bonne interprétation des contenus des événements qui se produisent. Dans cette logique en effet, les contraintes décisionnelles n'existent pas en tant que données extérieures à l'acteur, réduisant *a priori* son choix. Au contraire, comme elles organisent la dynamique du processus, elles donnent des indications sur comment, quand et à quel rythme agir. On peut adopter le point de vue selon lequel le problème stratégique de Bonaparte est un pari sur des événements incontrôlables et extérieurs à l'acteur qui les subit (Bonaparte subit la décision du Directoire). Mais l'analyse du problème a donné des indications sur la manière dont Bonaparte pouvait agir sur sa propre armée pour transformer les contraintes qui s'exercent sur lui : lorsque la décision du Directoire lui parvient, Bonaparte n'est déjà plus dans une situation risquée. Les relations de pouvoir sont alors lues autant comme des outils de l'action, même dans la situation de Bonaparte, que comme des contraintes car les marges de manœuvre du militaire par rapport au politique sont militaires, il peut agir dessus et exercer alors une dominance faible sur le politique.

Le Chef d'État-Major des Armées (CEMA) dans le processus de décision politico-stratégique. Essai de modélisation

Dans le contexte de l'exercice de la souveraineté nationale, les processus de décision politico-stratégiques mettent en interaction le politique et le militaire. Ils concernent l'anticipation et la gestion des crises, la construction de politiques de défense en concertation avec les alliés, et le pilotage de la préparation de l'outil de défense futur. Les relations de dominance fortes et faibles qui s'exercent dans le contexte de ces processus peuvent être synthétisées par un réseau relationnel faisant interagir de nombreux acteurs, à différents niveaux de décision.

La modélisation du processus de décision politico-stratégique est fondée sur 23 entretiens approfondis[2] auprès de représentants de l'état-major des armées (EMA), l'état-major de l'armée de terre (EMAT), l'état-major de la marine (EMM), l'état-major de l'armée de l'air (EMAA), et de la Direction générale de l'Armement (DGA), de la Direction du Renseignement militaire (DRM) et de la Délégation aux affaires stratégiques (DAS). Elle est issue des résultats simplifiés d'une étude technico-opérationnelle (Décistrat) sur l'aide à la décision stratégique qui a été pilotée en 2001 par le Centre d'analyse de défense de la Délégation générale pour l'armement (DGA-CAD) pour le compte de l'état-major des armées.

Nous présenterons dans un premier temps une cartographie du réseau des acteurs mobilisés dans le processus de décision politico-stratégique en France en 2000, avant d'examiner les arcs qui les relient, en distinguant deux formes de relations qui orientent leurs rôles dans l'action : la dominance forte et la dominance faible.

Ces interactions entre les acteurs constituent un réseau relationnel hétérogène et multi-niveaux (figure 1). Le réseau ci-après n'a pas vocation à modéliser un processus de décision stratégique en particulier, mais l'ensemble des relations qui peuvent s'établir entre les acteurs à l'occasion des différents processus de décision politico-stratégiques. Il superpose par conséquent des relations qui ne peuvent pas exister ensemble au cours d'un même processus. Par exemple : en-dehors des périodes de crise, les relations 1 et 2 n'existent pas. En cas de crise, la relation 1 s'établit si la France est Nation cadre, la relation 2 dans le cas contraire.

Les armées de terre, de mer et de l'air sont considérées comme des « réservoirs » de moyens pour le chef d'état-major des armées (CEMA), de même que la DGA. Il est à noter que le pôle opérationnel qui assistait le CEMA n'était pas encore complètement constitué en 2000, il s'agissait donc d'une anticipation. Cette anticipation est assez proche de la situation qui prévaut depuis le décret du 21 mai 2005 : le CEMA a

2 Voir l'Étude Décistrat.

désormais autorité sans restriction sur les chefs d'état-major de l'armée de terre, de la marine et de l'armée de l'air (article 2 du décret du 21 mai 2005 fixant les attributions des chefs d'état-major).

Notre propos portant sur les relations entre l'armée et le politique, le réseau d'acteurs politiques constitué par le Président de la République, le Premier ministre et les ministères de la Défense, des Affaires étrangères, de l'Industrie et des Finances… n'a pas été détaillé. Toutefois, le chef d'état-major des armées participe aux processus de décision et de négociation qui s'y déroulent, et dont les circuits évoluent selon la situation.

Figure 1 – Le réseau d'interactions

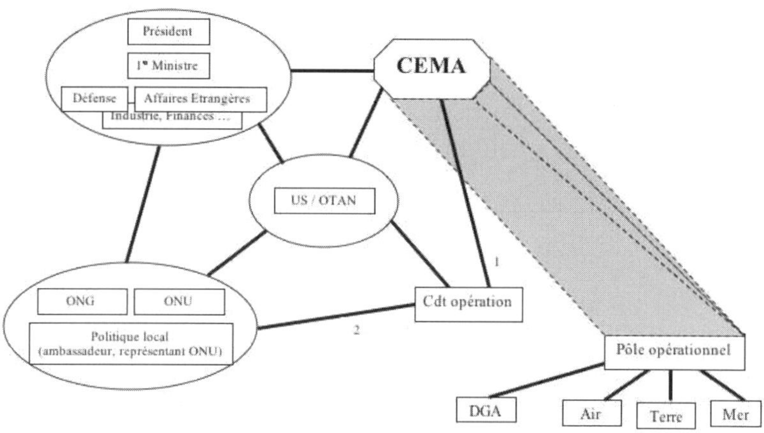

Le plus souvent, les opérations sont décidées dans un cadre international, mettant en jeu des négociations au sein de l'ONU de l'UE et/ou de l'OTAN. Cette situation a été prise en compte par l'article 3 du décret du 21 mai 2005, précisant que « *le chef d'état-major des armées élabore les plans d'emploi des forces (…) en tenant compte de la coordination internationale rendue nécessaire par tout engagement dans un cadre multinational* ». D'une part, le chef d'état-major des armées est susceptible d'intervenir directement auprès de l'OTAN, d'autre part, le « politique locale » est susceptible d'intervenir dans ces négociations, et il est en relation avec le commandant des opérations.

Nous avons associé les États-Unis et l'OTAN, tel que cela est apparu dans les entretiens.

Il convient de préciser que les représentations graphiques que nous proposons ici sont celles des relations de dominance qui animent le processus de décision politico-stratégique. Elles ne correspondent pas nécessairement aux relations hiérarchiques qui peuvent par ailleurs exister entre les acteurs.

Le réseau ci-dessus met en exergue la position du chef d'état-major des armées comme nœud de réseau. Bien qu'elle constitue une étape nécessaire, cette représentation systémique est insuffisante pour comprendre la dynamique du processus, qui doit en particulier faire appel à des relations de dominances fortes et faibles.

Figure 2 – Les dominances fortes

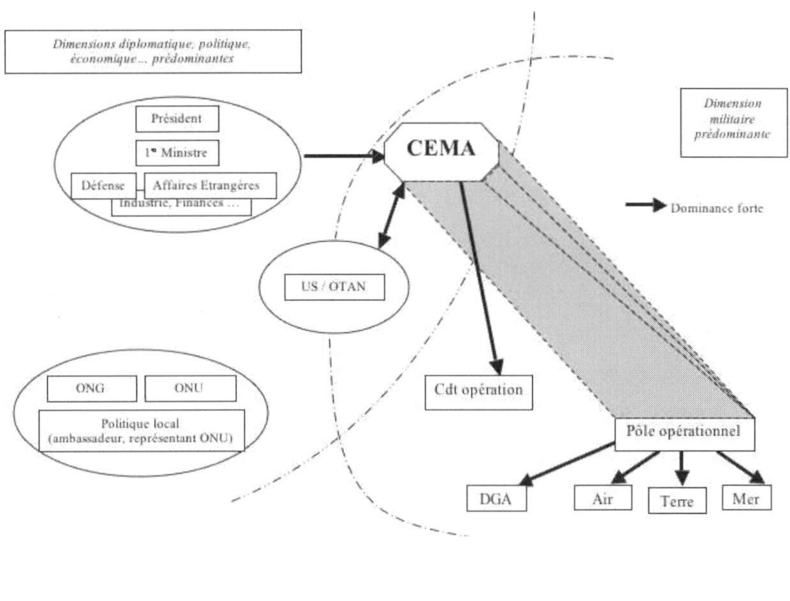

Lorsque l'on oriente les arcs du graphe initial en distinguant la dominance forte de la dominance faible, deux nouveaux graphes apparaissent : l'un met en évidence la fonction de mise en œuvre (ou *actuation*) et ses enjeux, l'autre la fonction d'orientation du processus de décision politico-stratégique lui-même.

Les dominances fortes simplifiées (figure 2) illustrent une logique de décision des modalités d'exécution des opérations et de choix des moyens. Le chef d'état-major des armées est l'acteur dominant dans le processus « aval » de mise en œuvre militaire, et il subit la dominance de l'acteur politique.

Figure 3 – Les dominances faibles

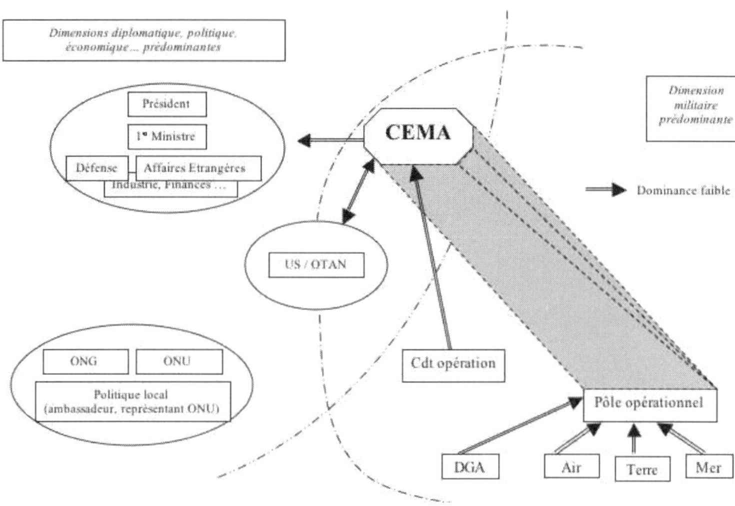

C'est parce qu'il est l'acteur dominant dans le processus de mise en œuvre militaire qu'il négocie dans un processus politique les conditions de l'intervention et/ou doit adapter ses ordres à des contraintes irrévocables. Son problème de décision stratégique consiste alors à trouver un plan d'opérations qui respecte les règles militaires (de manière à en contrôler les effets) mais qui respecte aussi les contraintes imposées par le politique, dans le cadre d'une planification prédécisionnelle. Il est à noter que les contraintes imposées par le politique peuvent faire l'objet de négociations mais que celles-ci se déroulent selon une logique différente (voir le schéma suivant concernant les relations de dominance faible). En cours d'opérations, son problème de décision stratégique consiste à éviter que les effets militaires engendrent des incidences politiques ou diplomatiques incontrôlées.

Les dominances faibles simplifiées (figure 3) traduisent quant à elles une logique d'aide à la décision et de capacité de mise à disposition des moyens. Dans ce processus « amont », qui est essentiellement un processus de négociation politique (dont industrielle) et diplomatique, l'action militaire effective (opérations) ou potentielle (préparation) du chef d'état-major des armées s'évalue sur des dimensions politiques et diplomatiques.

Ce processus ne suit pas les mêmes règles que le précédent. La décision stratégique du chef d'état-major des armées concerne dans ce cas l'orientation des négociations diplomatiques (par exemple en proposant le premier un plan opérationnel) ou politique (notamment en exerçant une dominance faible sur le politique afin qu'il modifie sa décision), ce qui a des conséquences sur les contraintes à prendre en compte dans la planification prédécisionnelle.

À l'intérieur du processus de décision politico-stratégique, le chef d'état-major des armées ne participe par conséquent pas à une mais à deux catégories différentes et complémentaires de processus décisionnels selon qu'il s'agit d'orienter le processus de décision politico-stratégique (processus amont) ou d'assumer les conséquences de l'action militaire (processus aval). S'ils participent tous deux à l'exercice de la souveraineté du politique, ces deux processus font néanmoins appel à des logiques décisionnelles aussi différentes que celles que devait intégrer Bonaparte lors du passage du Pô, dans un contexte militaire plus intense mais un contexte politico-diplomatique simplifié en termes d'acteurs et de processus de communication.

Conclusion et perspectives de recherches

Le modèle nous rappelle que, comme dans le cas de Bonaparte, la décision politico-stratégique, en raison de l'importance des relations de dominances, n'est pas réductible à une problématique de choix dont les données sont indépendantes des acteurs qui y participent. En particulier, le chef d'état-major des armées y joue un rôle central et s'il doit intégrer à la logique militaire les éventuelles rétroactions des actions militaires au niveau politique et les contraintes (politiques, diplomatiques …) des décideurs politiques ou de la coalition dans les arguments militaires, il a cependant aussi la possibilité de modifier les marges de manœuvres initiales par rapport au politique, voire d'en faire émerger de nouvelles, à partir de ses décisions stratégiques. L'approche des processus de décision politico-stratégiques en termes de relations de dominance incite à réfléchir à la fois sur les limites de la notion d'état final recherché pour borner l'action militaire et sur son intérêt en tant qu'objet d'aide à la décision pour découvrir dans un processus interactif les intentions du politique et leurs évolutions.

Le décret de 2005 qui fait évoluer les attributions du chef d'état-major par rapport au décret de 1982, va notamment dans le sens d'un accroissement de la légitimité décisionnelle du chef d'état-major (de manière générale, de coordinateur, il devient responsable), et de son autonomie d'appréciation au cours d'une action en coalition, tandis que la référence explicite à la force nucléaire et à l'armement nucléaire tactique (art. 14 du décret de 1982) a disparu. On peut alors se demander si ce nouveau décret – qui est le fait du représentant politique du peuple souverain – et qui prolonge en l'institutionnalisant une inflexion déjà visible en 2000 dans le rôle du chef d'état-major des armées, n'accompagne pas un véritable changement de phase dans les relations internationales entre les États souverains. En effet, il renforce la dominance forte du chef d'état-major sur ses armées, désormais seul en relation directe avec le politique. Cette évolution a pour effet d'accroître sa capacité de négociation et en contrepartie le désigne, vis-à-vis du politique, comme principal responsable des effets de la décision stratégique.

Les processus de décision politico-stratégiques sont d'autant plus complexes que se multiplient depuis les années quatre-vingt-dix les actions en coalition. L'acquisition d'une légitimité juridique internationale, par l'intermédiaire d'un mandat de l'ONU, complexifie encore un processus dans lequel l'autonomie d'appréciation des différents états participants apparaît comme un élément constitutif de l'exercice de leur souveraineté dans les négociations avec leurs partenaires. La problématique de l'exercice de la souveraineté dépasse donc le cadre strictement national. Ces multiples actions en coalition ainsi que le retour de la France dans le commandement intégré de l'OTAN sont autant d'occasions de poursuivre l'exploration de la problématique de la souveraineté et de son exercice, étant entendu que les enjeux et les modes d'organisation, en particulier en termes de chaîne de commandement, constituent l'objet de la négociation politico-stratégique entre les acteurs. Dans de tels processus, il s'agit de dépasser la problématique de la remise en cause de la souveraineté pour développer, à travers l'analyse des relations de dominances, la discussion de son exercice.

Bibliographie

- Bayser, O. de, « Aides à la décision et gestion des crises », *L'Armement*, n°77, mars 2002, pp. 85-91.
- Bodin, J., *Les Six livres de la République*, Imprimerie Jean de Tournes, Lyon, 1579, disponible en ligne http ://gallica. bnf. fr/ark :/12148/bpt6k536293
- Bonaparte, N., *Correspondance militaire de Napoléon Ier*, Paris, Plon, 1876, tome 1.
- Clausewitz, C. von, *La Campagne de 1796 en Italie*, Paris, Aux Trois Hussards, 1998.
- Marchais-Roubelat, A., *De la décision à l'action. Essai de stratégie et de tactique*, ISC-Économica, 2000.
- Piérard, D., « Souveraineté », in Durand P., *Les Nouveaux mots du pouvoir*, Éditions Aden, Bruxelles, 2007, pp. 414-417.
- Rousseau, J.J., *Du contrat social*, Marc Michel Rey, Amsterdam, 1762, disponible en ligne http ://gallica.bnf.fr/ ark :/ 12148/bpt6k202715b, édition consultée : Garnier Flammarion, Paris, 1966.

Principes de séparation et **leadership** *dans l'organisation*

Jacques THÉPOT

L'objectif de cette communication est d'accorder le concept de souveraineté à la micro-économie et, plus spécialement, à l'économie d'entreprise. Lorsque l'on examine l'ensemble des textes ou des modèles, des concepts, qui traitent des marchés et de leur organisation, on observe que le mot souveraineté y est très peu utilisé. Son usage apparaît dans un contexte plutôt polémique, en parlant de la souveraineté du marché – pour ne pas parler de la dictature du marché –. On se risque à l'employer aussi dans une acception plus légère lorsqu'on évoque la souveraineté du consommateur. Mais, en règle générale, les économistes s'accordent volontiers à dire que souveraineté est équivalente à *propriété*, *pouvoir de décision* mais aussi à *pouvoir de contrôle, de régulation.*

Cette communication comprend deux parties. Dans la première partie, on analysera la souveraineté **de** l'organisation en tant qu'unité active de décision pour défendre l'argument suivant : la souveraineté est économiquement neutre car, conceptuellement, elle ne joue qu'un rôle mineur dans la quête de l'efficacité des systèmes économiques. En revanche – et c'est l'objet de la seconde partie – il en va différemment lorsque l'on étudie ce qui se passe **dans** l'organisation : la souveraineté y joue un rôle essentiel parce qu'il faut des leaders – des personnes qui animent ces organisations –, dont la souveraineté non contestée est essentielle pour décider. Faute de quoi l'organisation fonctionne mal et peine à remplir sa mission. On se situe dans la tension entre ces deux polarités qui s'accordent mal. La meilleure chose que l'on puisse souhaiter, c'est que l'économie demeure en dehors des questions de souveraineté qui relève des États ou des institutions qui sont là pour gouverner la planète et gérer notre humaine condition.

La souveraineté de l'organisation

Figure 1 : Conflit de souverainetés

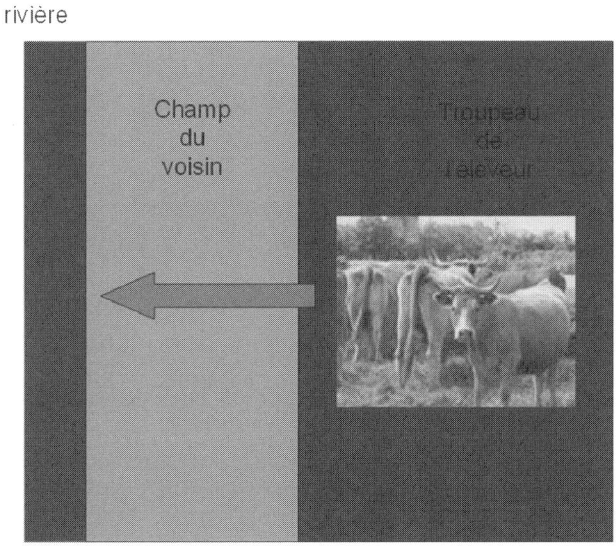

Commençons par une allégorie assez simple en considérant quelqu'un qui élève un troupeau de vaches berrichonnes et qui en est propriétaire. Notre homme possède le champ sur lequel il élève ses vaches, il est parfaitement souverain et autonome dans ses décisions ; son problème est de vendre le lait, de nourrir et de soigner le bétail. Si notre éleveur est remplacé par un autre aussi compétent, rien ne changera du point de vue des vaches ni du lait vendu. Posséder est important mais savoir qui possède ne l'est pas. L'attribution des droits de propriété est neutre dans notre affaire. On pourra toujours trouver un éleveur aussi bon, des vaches aussi belles, de sorte que la valeur économique du champ et du troupeau est indépendante de l'identité du propriétaire.

Tout se complique lorsque le troupeau paît dans un champ dépourvu d'un accès libre à la rivière. Pour s'abreuver, les vaches doivent traverser le champ du voisin (figure 1).

Dans ce cas, la souveraineté du voisin et celle de l'éleveur sont en conflit : si le voisin interdit le passage du troupeau sur son champ, les vaches vont mourir de soif et il y aura perte de valeur. Réciproquement, si le champ est laissé ouvert sans contrôle, toutes les vaches vont le traverser et celui-ci subira une dégradation. Ainsi, selon que le voisin ou l'éleveur exercent leur souveraineté, il y a perte de valeur économique.

Imaginons que le troupeau comprend neuf vaches. Si aucune vache ne va boire, l'éleveur ne gagne rien parce que toutes ses vaches sont mortes. Si une vache traverse le champ et va boire il va gagner 10. S'il y en a deux, il va gagner 18, etc. Ainsi, le profit de l'éleveur croît avec le nombre de vaches qui accèdent à la rivière ; comme indiqué figure 2.

Figure 2 : Analyse économique

Vaches allant boire	*Profit éleveur*	*Coût voisin*	*Bien-être*
0	0	0	0
1	10	1	9
2	18	3	15
3	25	5	20
4	31	8	23
5	36	12	24
6	40	17	23
7	43	23	20
8	45	30	15
9	46	38	8

De même, le coût infligé au voisin augmente avec le nombre de vaches qui traversent son champ : si aucune vache ne passe, cela ne lui coûte rien. S'il n'y en a qu'une, il y a un peu de traces dans l'herbe, ce n'est pas grave. Mais plus de vaches passent dans son champ, plus celui-ci se dégrade. Du point de vue du régulateur chargé du bien être collectif, la solution est simple. En définissant le bien être social comme la différence entre le profit de l'éleveur et le coût du voisin, on observe que celui-ci est maximal pour 5 vaches et une valeur de 24. Cela signifie que, socialement, il faut faire passer cinq vaches à travers le pré. La question, bien sûr, est de savoir comment conduire le voisin et l'éleveur, libres et autonomes, à abandonner une partie de la souveraineté que chacun exerce respectivement sur son troupeau et son champ pour s'accorder sur ces cinq vaches ? Un mécanisme de marché permet de répondre à cette question, ce sont les « droits à polluer ». Comme si le marché, réputé être l'ennemi du bien commun, pouvait en devenir l'ami.

Figure 3 : L'éleveur possède 9 droits à 4 €

# vaches allant boire	profit éleveur	coût voisin	bien être	nombre de droits vendus à V	coût de V	profit de E
0	0	0	0	9	36	36
1	10	1	9	8	33	42
2	18	3	15	7	31	46
3	25	5	20	6	29	49
4	31	8	23	5	28	51
5	36	12	24	4	28	52
6	40	17	23	3	29	52
7	43	23	20	2	31	51
8	45	30	15	1	34	49
9	46	38	8	0	38	46

31 = 7×4 + 3

46 = 7×4+ 18

Supposons que l'éleveur possède 9 droits à polluer, représentés par 9 petits cartons, chacun signifiant le droit qui lui est attaché de faire passer une vache (cf. figure 3). Supposons en outre qu'il puisse vendre des droits à polluer au voisin au prix de 4 euros. Calculons ce qui se passe si, par exemple, l'éleveur en vend 7 : cela signifie qu'il lui reste deux droits à polluer, donc il peut faire passer deux vaches. Aux 18 € que lui rapportent ces deux vaches, s'ajoute le produit de la vente des droits, c'est-à-dire 7×4 = 28 €, soit un gain total de 46 €. Quant au voisin il subit le un coût total de 31 € en ajoutant le coût du passage des 2 vaches (3€) aux 28 € payés pour l'achat des 7 droits. Et le miracle, c'est que le gain maximum de l'éleveur s'obtient lorsque celui-ci vend 4 droits et que le coût minimum du voisin correspond à la même valeur : ils seront d'accord entre eux donc pour laisser passer 5 vaches, comme indiqué sur la figure 3.

La clé de ce miracle est le prix de 4 € qui assure cette cohérence entre les intérêts des deux parties. Donc, si le « bon » prix (4 €) est proposé et si la transaction s'opère librement entre l'éleveur et le voisin, ils vont se mettre d'accord sur la décision socialement optimale. Mais il y a encore mieux : si l'on attribue tous les droits au voisin et si l'on suit le même raisonnement, on trouvera que le gain le plus grand du voisin est 8, le profit est 16, et qu'ils correspondent toujours à cinq vaches. Conclusion : la propriété de l'allocation des droits à polluer n'a pas d'incidence sur la valeur économique.

Dès lors que l'on a permis une transaction (en déclenchant un mécanisme de marché), on a réalisé l'optimum social par le biais de cette transaction. Autrement dit, c'est un mécanisme de marché qui va être au service du bien commun. Du point de vue de la souveraineté, ce raisonnement indique que les droits de propriété en matière de droits à polluer ne comptent pas. Du point de vue du nombre de vaches qui permet la plus grande création de richesse globale, que les droits à polluer soient attribués à l'éleveur ou au voisin, c'est équivalent. Ce résultat est connu dans la littérature économique sous l'appellation « théorème de Coase » (cf. Thépot, 1999). Ronald Coase est un économiste anglais né en 1915, prix Nobel 1991. En définitive, Coase nous dit qu'on n'a pas nécessairement besoin de l'État pour traiter les phénomènes d'externalités : il suffit qu'il y ait des arrangements interindividuels et des marchés de droits à polluer pour qu'on puisse faire émerger l'optimum social. Et cela implique que l'allocation des droits de propriété est neutre dans la valeur créée par le système économique. Bien évidemment elle n'est pas neutre du point de vue de l'équité mais ceci est une autre histoire.

Bien sûr, c'est un résultat assez fort, que nous traduisons en disant : finalement la souveraineté, les biens que l'on possède ou pas, est-ce important ? Non, s'il existe des marchés. Il y a quand même une limitation que Coase a bien identifiée : les arrangements bilatéraux permettent d'obtenir l'optimum social si l'on néglige les coûts de transaction.

Imaginons, qu'au lieu d'avoir un éleveur et un voisin, il y a m éleveurs et n voisins. Il est difficile d'envisager mn transactions du type de celle que nous venons d'analyser. Dans ce cas, on peut concevoir un système de taxation. Ainsi, par exemple la région Alsace subit actuellement les nuisances occasionnées par les camions qui descendent les autoroutes allemandes en venant du nord de l'Europe et qui, s'ils traversent l'Allemagne, sont soumis à un système de péage par satellite. Ils payent une taxe qui est liée à l'utilisation des camions. Que font-ils dès qu'ils arrivent à hauteur de Wissembourg ? Ils passent en France et ils continuent en Alsace où c'est gratuit. Il serait coûteux d'installer des batteries de petits boxes à l'entrée de la frontière dans lesquels le conducteur de chaque camion négocierait les dommages qu'il va créer sur son parcours en territoire français. La solution, à l'évidence, consiste à taxer en mettant en place des péages et en généralisant le dispositif satellitaire à l'ensemble de l'espace européen.

Revenons maintenant à notre éleveur en supposant qu'il a réglé son problème en épousant la fille du voisin, ce qui lui garantit, entre autres, l'accès libre et définitif à la rivière. Il se pose maintenant la question d'investir pour installer une stabulation automatique. Dans ce contexte s'applique le principe de Fisher, qui s'exprime ainsi : si le marché du capital est parfait, on peut séparer l'investissement du financement. Autrement dit, quelle que soit la façon dont notre éleveur va financer sa stabulation – par autofinancement, augmentation de capital ou par l'emprunt – le choix de l'équipement est le même. Cela signifie que la souveraineté du chef d'entreprise peut se découper en deux plans indépendants : d'une part, le projet d'investissement lui-même, apanage du dirigeant, de sa vision du futur et de la technologie, et, d'autre part, les modalités de financement qui relèvent spécifiquement de son rôle de propriétaire.

Dans des conditions idéales de marché donc, on peut séparer la propriété (*ownership*) de la gestion d'entreprise proprement dite (*control*). En présence d'incertitude ce résultat se maintient sous la forme du théorème de Modigliani-Miller, qui énonce que, si le marché des capitaux est parfait, la valeur boursière d'une société ne dépend pas de la structure du capital. Autrement dit, que l'entreprise soit financée par la dette ou par des fonds propres, la valeur ne va pas changer. En définitive cela signifie – une fois de plus – que la propriété des actifs de l'entreprise ne sert à rien. Seul compte l'usage qui en est fait par les managers.

Imaginons maintenant que l'éleveur possède α % de l'exploitation, étant donné que son beau-frère en possède $(1 - \alpha)$ %. Comment l'éleveur va-t-il se comporter ? Il va raisonner ainsi : « *à côté des vaches berrichonnes, je vais mettre mes petites vaches à moi. Ce qui me permettra d'infliger au beau-frère une part du coût de l'élevage de ces vaches* ». Ainsi l'éleveur dégage-t-il des bénéfices privés sur le dos du propriétaire extérieur. Dans ce contexte, la belle construction précédente ne fonctionne plus parce qu'il y a un phénomène d'opportunisme. La valeur de l'entreprise va être décotée parce qu'il y a un coût d'agence qui mesure l'opportunisme managérial. Le principe de séparation ne fonctionne plus, de sorte que la valeur de la firme dépend de la structure du capital. C'est un résultat assez important mis en évidence par Jensen & Meckling (1976).

La théorie économique considère aujourd'hui une organisation comme *un nœud de contrats* (c'est-à-dire un ensemble de contrats implicites ou explicites liant les partenaires de l'entreprise). Que devient la propriété dans cette perspective ? Le propriétaire d'une entreprise ne peut pas vendre l'entreprise n'importe comment : il est propriétaire des droits résiduels, c'est-à-dire de ce qui n'est pas stipulé par les contrats qui le lient. Quand l'entreprise est mise en faillite, dans la hiérarchie des créanciers, l'actionnaire vient en dernier. Cela veut dire que, pour le meilleur et pour le pire, ce qui lui appartient, c'est ce qui reste. La souveraineté limitée à ce qui n'est pas dans les contrats est une conception minimaliste de la souveraineté. À cet égard Fama et Jensen (1998) développent un point de vue intéressant : dans les petites entreprises, ceux qui décident sont ceux qui possèdent, il n'y a pas besoin de surveiller les uns par les autres. En revanche, si ceux qui décident ne sont qu'un sous-ensemble de ceux qui possèdent l'entreprise (par exemple, le beau-frère et l'exploitant), alors il y a des bénéfices privés (les vaches qui peuvent venir sur le champ), et donc un comportement d'opportunisme adopté par le manager. Dans ce cas, il faut que la décision soit divorcée de la surveillance (*monitoring*) : Dans une organisation où sévit l'opportunisme, où les comportements des managers ne sont pas complètement alignés avec ceux attendus par les propriétaires, il faut mettre en place un double système : un système de surveillance qui ratifie les décisions, qui surveille, et un système de décision qui initie et qui implémente. Dès lors, s'il y a souveraineté du système de décision, celle-ci demeure sous contrôle de la souveraineté d'un autre système qui est le système de surveillance. Cela veut dire que finalement, dans cette logique, la seule souveraineté qui compte, c'est celle de celui qui va vérifier et attester les comptes. Mais le système de surveillance peut être lui-même le théâtre de comportements opportunistes, comme en témoigne l'affaire Enron.

La souveraineté dans l'organisation

Nous allons maintenant regarder à l'intérieur de l'organisation. Si l'on se limite à considérer l'organisation comme un nœud de contrats, il suffirait de remplacer les managers par des notaires, dont la seule activité consisterait à transcrire tous les contrats qui sont signés et à en assurer le respect. Nulle organisation ne fonctionne ainsi : l'organisation crée de la valeur parce qu'il y a, en son sein, des individus qui sont souverains, qui ont un droit de décision réel sur la conduite des affaires. Ce droit de décision, dans le management, c'est celui du leader.

On distingue deux types de leadership : (i) le leadership directif, incarné par Abraracourcix qui est le chef mais ne bouge pas ; il est vissé sur le bouclier de ses gardes, donne des ordres mais personne ne lui obéit ; (ii) le leadership transformationnel, incarné cette fois par le druide Panoramix qui ne parle guère, donne de la potion magique, et qui va influencer la conduite des affaires du village à travers son comportement. Chacun de ces deux leaderships a une souveraineté, mais la contribution que l'un ou l'autre apporte à l'organisation est différente.

D'une façon générale, on peut dire qu'un leader est quelqu'un qui va influencer les membres de l'organisation par son comportement, son exemple, et qui utilise cette influence pour atteindre des objectifs collectifs. On atteint là les limites de ce que la théorie économique peut apporter parce que l'on se situe dans un univers où les caractéristiques individuelles, les traits de personnalité du leader vont jouer un rôle. Il n'en reste pas moins que, si l'on n'a pas des leaders disposant de marges de manœuvre issues de la souveraineté qu'ils exercent en fait ou en droit, les organisations se comportent comme des systèmes inertes.

Au fond, il n'y a pas de modèle théorique du leadership. Il est difficile conceptuellement de concilier d'une part l'impératif de faire émerger dans les organisations des leaders investis d'une souveraineté véritable, sans lesquels une organisation ne fonctionne pas, et, d'autre part, le principe de séparation, qui énonce la neutralité de la souveraineté, dans une économie de marché.

Conclusion

Nous restons ainsi sur une forme de paradoxe : la souveraineté de l'organisation doit être neutre, le plus neutre possible, elle est résiduelle et aussi souvent sous contrôle d'*outsiders* ou d'acteurs secondaires. En regardant les marchés financiers, on s'aperçoit que ce qui pèse le plus sur la valeur boursière, ce sont les actionnaires minoritaires. Ceux qui se regroupent dans les fonds de pension ont rarement des participations majoritaires dans les entreprises, mais le poids des actionnaires minoritaires peut être très fort. Ce sont donc souvent des acteurs secondaires qui vont disposer de la souveraineté effective sur les entreprises. Dans un autre ordre d'idées, en matière de consommation, c'est le consommateur marginal, celui qui est prêt à acheter ou ne pas acheter, qui joue un rôle décisif. Dans l'ordre politique, ce n'est pas l'électeur d'extrême gauche ou d'extrême droite qui pèse sur le résultat, c'est celui du centre, celui qui est à la limite. En définitive, la souveraineté des systèmes économiques est exercée par des acteurs minoritaires dont le rôle effectif est sans commune mesure avec leur poids économique.

En revanche, dans l'organisation, on a besoin de leaders, dont l'action n'est pas neutre ni résiduelle, car la vie de l'organisation est entre leurs mains. Il faut qu'ils aient un pouvoir de décision discrétionnaire, qu'ils puissent anticiper, qu'ils puissent convaincre, et surtout qu'ils ne soient pas soumis au pouvoir des minorités.

Ainsi émerge une contradiction entre une souveraineté de l'organisation qui doit être la plus transparente possible et l'incarnation de l'organisation dans la fonction de leader. Et la question qui demeure est celle de savoir qui va contrôler l'action du leader, comment s'établira la mise en relation de l'action du leader et de ses résultats ? Quel est donc le bon système d''évaluation ? Dans le monde du marché, l'instance d'évaluation est immédiate, elle est donnée par les prix. Dans l'organisation, c'est une autre histoire !

Bibliographie

- Fama, E. & M. Jensen, « Separation of ownership and control », *Journal of Law and Economics*, 1983, 26, pp. 301-325.

- Jensen M. and W. Meckling, « Theory of the firm : managerial behavior, agency costs and ownership structure », *Journal of Financial Economics,* 1976, 3, n° 4, pp. 305-360.
- Thépot, J., « Ronald Coase », *Revue française de gestion,* 1999, n° 122, pp. 72-76.
- Thépot, J., « Jensen et Meckling, 30 ans après », *Revue française de gestion*, 2007, n° 175, pp. 15-22.

L'actuel système français d'organisation du sport est-il toujours soutenable ?

Claude LEGRAND

Le système français d'organisation du sport, à l'instar de ceux des sociétés occidentales, s'est structuré à partir d'un socle commun incarné par un sport dit moderne et par une organisation : le Comité International Olympique. Le sport moderne qui prend naissance au milieu du XIXe siècle en Grande-Bretagne repose sur un principe de pratiques éducatives de formes ludiques et compétitives et est constitué, d'une part d'initiatives essentiellement privées, d'autre part, de modalités d'auto-organisation collective. Membres issus de la société civile et désireux de s'adonner aux joies du sport, certains individus prennent l'initiative de se regrouper au sein de clubs pour organiser leur propre pratique. Partant de là et afin d'organiser des compétitions entre eux et leurs membres les groupements se rassemblent concomitamment par disciplines sportives au sein de fédérations. Ces mêmes fédérations composent elles-mêmes progressivement des unions internationales. À la même époque de la naissance du sport moderne, le baron Pierre de Coubertin crée le Comité International Olympique avec l'idée de rénover les jeux olympiques dès 1896. Ce qui constituait pour beaucoup une utopie, le CIO, composé d'un nombre restreint de membres cooptés, rayonne aujourd'hui sur l'ensemble de la planète sportive. Partant de ce socle, le sport en France s'est ainsi organisé bien avant toutes interventions étatiques. Néanmoins, la croissance notable du nombre des pratiquants combinée à une audience internationale grandissante des compétitions sportives ont amené graduellement l'État à investir avec prudence et discernement le champ social du sport. Au fil du temps, l'intervention de l'État s'est affirmée pour devenir de plus en plus prégnante.

Au regard de ce qui précède, le système français d'organisation du sport est reconnu comme un système mixte, c'est-à-dire un domaine de compétence partagée entre la puissance publique et le mouvement sportif. Quoiqu'il en soit, loin d'un quelconque déterminisme interventionniste, le système mixte à la française est surtout le fruit de réalités tant historiques qu'économiques. L'organisation du sport par l'État s'est réalisée en présence d'un mouvement sportif déjà constitué. De la même manière, plutôt que d'assumer seul la charge, notamment économique, du développement du sport, l'État ne s'est pas privé de l'appui incontournable que constitue le mouvement sportif. Aujourd'hui, on observe une approche partagée de la souveraineté de l'État avec les acteurs sociaux, ce qui n'est pas nouveau, mais également, ce qui est plus récent, avec les acteurs économiques. Cette montée de l'économique constatée depuis les années 80, met en évidence les limites des formes internes de régulation et les interstices non régulées où pourraient s'engouffrer des logiques débridées d'enrichissement.

Un des objectifs de cet article est de livrer des clefs pour saisir ce qu'il y a de spécifique dans le système français d'organisation du sport, ce que cela implique sur le plan de la souveraineté étatique et des régulations internes opérant jusqu'à présent.

Pour analyser le système français d'organisation du sport, on est d'abord conduit à la définition du rapport qu'entretien le sport à la société (I). L'analyse prendra appui sur le structuralisme arguant du fait que le structuralisme peut en la circonstance produire des résultats significatifs. En cela, ce qui importera le plus n'est pas tant l'analyse des éléments constitutifs du système d'organisation du sport que ses relations avec les éléments constitutifs de la société. Ainsi, l'examen des différents rapports entre la société et le système du sport permettra d'en caractériser l'organisation.

En contextualisant ensuite le système français d'organisation du sport, on sera à même d'interroger la notion de la souveraineté étatique s'y appliquant (II). On portera le regard spécifiquement sur la façon dont se déploie cette souveraineté à la fois comme dispositif structurant du système d'organisation du sport et aussi comme régulateur des relations internes du système.

Le rapport du sport à la société

Loin de considérer le sport comme une donnée exogène à la société, le sport est davantage considéré en tant que composante de celle-ci. Cette qualité de composante de la société se vérifie dans la mesure où son système d'organisation peut être analysé en tant que système propre de transformations autorégulées et en tant qu'il participe à la régulation sociétale d'ensemble. D'une part, le système français d'organisation du sport est un système propre de transformations autorégulées puisque étant amené à traverser et surmonter des périodes de crise. L'une des crises majeures est celle rencontrée à la suite des Jeux Olympiques de Rome en 1960 consacrant la faillite de l'élite sportive française. Par ailleurs, le système d'organisation du sport participe à la régulation sociétale d'ensemble dans la mesure où il reflète, bien que partiellement, un certain nombre de régulations sociales. Le sport peut être considéré comme un formidable ascenseur social, porteur des valeurs républicaines de liberté, d'égalité et de fraternité, vecteurs de lien social.

Suivant les traces de Polanyi[1], il peut être considéré que la société est confrontée à des risques d'effritement du lien social, traduction de la dissolution par désencastrement hors du social de l'économique mû par un marché autorégulateur. L'une des propriétés du système français d'organisation du sport viendrait de son aptitude à maintenir et recomposer un lien social ainsi distordu.

Certes, la totalité du lien social ne relève bien évidemment pas des seules relations qu'entretien le sport avec la société. Néanmoins, il est par contre plus aisé de considérer ces relations comme une expression partielle du lien social. Le sport participant à la formation du lien social, assurerait ainsi une forme de régulation entre les éléments isolément repérables, constitutifs de la société sans toutefois l'englober ni ne rendre compte de sa totalité. En cela le sport et le système d'organisation qui l'accompagne ne serait qu'une des facettes de la régulation sociale au niveau national.

---

1 Karl Polanyi, *La Grande transformation*, Paris, Gallimard, 1986.

Prenant appui sur la représentation de la société telle proposée par Théret[2], il est possible de repérer et d'isoler trois éléments fondamentaux constitutifs de la société par les formes alternatives de pratiques sociales, ou pratiques sociales différenciées en ordres séparés, qu'ils admettent. Ces trois formes de pratiques sociales sont constituées de l'ordre économique, l'ordre politique et l'ordre domestique. L'ordre économique est défini comme étant l'espace où se déploie le capitalisme selon la dynamique d'accumulation de richesses. Les pratiques structurantes y sont orientées vers l'accumulation de choses et de titres monétaires. L'ordre politique est cet ordre autonome de pratiques sociales que tend à monopoliser l'État. Les pratiques structurantes y sont orientées vers l'accumulation de pouvoir et de titres juridiques. L'ordre domestique est quant à lui l'espace où se déploie la cellule familiale, les groupements de toutes natures et la société civile en général. Les pratiques structurantes y sont orientées vers des formes anthroponomiques d'accumulation contribuant à la reproduction généalogique – par création de conditions d'existence convenables – et viagère – constitution d'un héritage transmissible – de l'ordre domestique.

Le lien social tient de la régulation qui s'instaure entre ces trois ordres autonomes, régulation qui aménage une interdépendance et des interactions dans l'indépendance de ces ordres séparés de pratiques sociales. La société fait alors corps justement grâce à la présence de ces trois formes de pratiques sociales distinctes étroitement corrélées. Toutefois, ces différents ordres hétérogènes et contradictoires plus ou moins larges, exigent des régulations propres à entraver toutes velléités d'autonomisation. Le mode de régulation devient déterminant puisqu'il stabilise en l'organisant la prédominance d'un ordre sur les autres. Il en découle qu'une crise du mode de régulation émergera du conflit entre la régulation des contradictions entre les logiques d'ordre et les stratégies d'accumulation des groupes dominants qui les portent.

2 Bruno Théret, « L'État dans la problématique de la régulation. Bref compte-rendu d'une histoire récente », *Actuel Marx*, n° 17, Paris, PUF, 1995, p. 68 ; « Méthodologie des comparaisons internationales, approches de l'effet sociétal et de la régulation : fondements pour une lecture structuraliste des systèmes nationaux de protection sociale », *L'Année de la régulation,* vol. I, 1997, pp. 163-228.

Le système français d'organisation du sport ne se borne pas à recouvrir partiellement les divers ordres – domestique, politique et économique – en intégrant partiellement et localement leur logique. Il occupe également des espaces sociaux particuliers dans leurs interstices. Envisager le système français d'organisation du sport en tant que système propre concourant à la régulation sociale impose qu'il soit doté de sa propre économie, c'est-à-dire doté d'un système d'obtention de ressources nécessaires à son propre fonctionnement. Ceci passe par l'analyse des relations qu'entretien le système d'organisation du sport avec les trois ordres domestique, politique et économique.

Rejoignons à nouveau Polanyi[3] dans ce qu'il précise les relations d'échanges au sein d'une société. Les relations d'échanges sont intéressantes en tant que processus premier de socialisation. Vient ensuite la dissociation des formes d'échange, l'échange réciprocitaire se distinguant de l'échange redistributif qui lui-même se différencie de l'échange marchand.

La réciprocité implique un échange que l'on estime de même nature sous la forme d'un don, accompagné éventuellement mais non systématiquement ultérieurement d'un contre don. La redistribution s'accomplit par l'intermédiaire d'une « centralité » à qui incombe la charge d'une distribution, après collecte, modifiant les dotations initiales. L'échange marchand suppose quant à lui l'existence d'un marché autorégulateur. Parallèlement, les échanges peuvent être monétarisés ou non. Les échanges marchands le sont obligatoirement, tels n'est pas le cas de la réciprocité et de la redistribution.

Les relations du système français d'organisation du sport avec l'ordre domestique sont de plusieurs natures, la principale reposant sur le principe du don. L'échange réciprocitaire apparaît non monétaire ou s'objective de façon monétaire. Dans le premier cas, le don est irréductible à toute pratique de contre-don se traduisant par une donation en ressources humaines via le travail bénévole. Dans le second cas, le contre-don est plus systématisé. La donation financière recouvre les adhésions des sociétaires et les allocations des mécènes. Le fonctionnement des groupements sportifs s'appuie principalement sur le travail bénévole. L'individu donne de son temps pour l'accomplissement des buts de l'association sans en attendre une quelconque contre

---

3 Karl Polanyi, *op. cit.*

partie. Néanmoins, le contrat d'adhésion qui l'unit à l'association suppose le paiement d'une cotisation donc une circulation monétaire. Cette seconde forme d'échange ne peut relever d'un échange marchand étant entendu les modalités qu'elle recouvre. Il s'agit davantage d'un don contre-don où la contre partie de l'échange monétaire se concrétise par la jouissance d'un espace structuré propre à la pratique sportive. Pour ce qui concerne les dons privés, la nature de l'échange est également réciprocitaire. Le mécène contribue par l'apport de moyens financiers à la réalisation de l'objet de l'association. Le contre don réside, en principe, dans le fait que le club rend en hommages ce qu'il a reçu en bienfaits.

Enfin, la forme d'échange marchand n'est pas à exclure, des actes d'achats sont identifiables notamment ceux émanant de la billetterie. Les spectateurs désireux d'assister à une rencontre sportive, élevée au rang de spectacle sportif vont acheter des billets. La modalité d'échange est explicitement marchande, la régulation se réalisant au travers les mécanismes des prix. Pour une multitude de petites associations sportives, l'organisation de bal, kermesse, buvette sont autant d'occasions de réalisations de recettes articulées sur le principe de la détermination d'un prix sur un marché autorégulé.

Les relations du système français d'organisation du sport avec l'ordre économique s'insèrent quasi exclusivement dans le cadre d'échanges marchands. Les dotations financières des sponsors appellent des prestations équivalentes des groupements sportifs entendus au sens large, c'est-à-dire au-delà des stricts clubs sportifs. Chaque groupement sportif quel que soit le niveau auquel il se situe (local, intermédiaire, national, supranational) pour assurer son fonctionnement, structure une partie de son système de collecte de ressources suivant des modalités d'échange marchand. La pierre angulaire de ce système de collecte est assujettie à la possession d'un titre de propriété. L'échange marchand réside dans la cession partielle ou totale d'un bien ou d'un service dont est propriétaire le groupement sportif considéré. Les sponsors vont acheter des espaces publicitaires pour accroître leur image, leur notoriété et de manière indirecte leur chiffre d'affaires. L'exposition du sponsor sur des supports, propriétés du groupement sportif, répond par équivalence aux prestations vendues par ce dernier.

Les relations du système français d'organisation du sport avec l'ordre politique se caractérisent principalement par des échanges redistributifs, la distribution secondaire se faisant au profit du sport. Ces échanges redistributifs peuvent prendre les formes de dotations financières, dotations en personnel ou dotations en infrastructures sportives. Le principe redistributif est un principe commun à la puissance publique étant entendue comme regroupant l'État et les collectivités territoriales. Néanmoins les redistributions disposent d'une épaisseur différente selon qu'elles proviennent de l'État ou des collectivités territoriales. Ces dernières, affranchies de l'État par les lois de décentralisation leur reconnaissant droits et libertés, organisent elles-mêmes leurs rapports avec le système d'organisation du sport et les groupements sportifs. Aujourd'hui, les collectivités territoriales et plus particulièrement les communes assument l'investissement et le fonctionnement des équipements sportifs, soutiennent financièrement le sport au niveau local, développent des politiques de soutien au sport de haut niveau. De plus, les structures de coopération intercommunale jouissent également de libertés quant à leur mode de relation avec les groupements sportifs et plus généralement avec le système d'organisation du sport. Même si le sport n'est pas une compétence obligatoire, les communautés de commune, communautés d'agglomération, communautés urbaines investissent de plus en plus dans des équipements sportifs structurants. Il en ressort que longtemps cantonnée au rôle de l'État en matière de sport, la montée en puissance des collectivités territoriales vient diluer la notion de souveraineté. La territorialité des collectivités leur confère un poids que ne peut contester l'État. Néanmoins, l'État, conscient de ce phénomène, développe dans la mesure du possible et avec les moyens dont il dispose des stratégies d'alliance publique. La compétence reconnue aux conseils régionaux en matière de formation s'articule aux prérogatives de l'État quant à l'obligation de la possession d'un diplôme défini et délivré par l'État pour l'exercice de la profession d'éducateur sportif. Il n'en demeure pas moins que l'autonomie reconnue aux collectivités engendre des turbulences dans l'élaboration et la mise en œuvre de politiques sportives qui ont du mal à connaître une cohérence nationale. Chaque collectivité territoriale définit sa politique sportive en toute indépendance, sans aucune obligation de concertation avec les collectivités limitrophes géographiquement et administrativement. L'examen des situations locales atteste de dispositions extrêmement diverses.

Le sport relève simultanément, mais de manière non identique du domestique, du politique et de l'économique. Plus encore, le sport dispose de sa propre structure domestique (les groupements sportifs formels et informels nationaux et supranationaux), de sa propre structure politique (les diverses organisations, les institutions sportives nationales, les organes de la puissance publique) et de sa propre structure économique (elle-même dotée d'une structure politique – les diverses organisations ouvrières et patronales du monde du sport, les institutions formelles et informelles nationales et supranationales dans lesquelles les intérêts économiques sont organisés politiquement quoique sur une base privée).

C'est de la relation de l'État donc du politique avec le système d'organisation du sport dont il va s'agir maintenant. Mobilisons à nouveau Théret[4], en rappelant que l'État souverain dispose de la capacité d'imposer une façon d'être. Cette forme de domination n'est pas instituée par des relations fondées sur la violence ou sur une force spirituelle extérieure mais légitimée par son mode d'acquisition démocratique. Cette souveraineté apodictique s'objective par une logique politico-administrative de gestion des individus et la mise en place d'un régime fisco-financier de prélèvements-dépenses et d'endettement. Au travers de la politique préconisée, la configuration des organes administratifs et des moyens disponibles, l'État va façonner son mode d'intervention dans le domaine du sport.

La souveraineté de l'État dans le domaine du sport

La souveraineté de l'État se déploie à la fois comme dispositif structurant du système d'organisation du sport et aussi comme régulateur des relations internes du système. On trouve en France, dès avant la seconde guerre mondiale des administrations d'État pour suivre les évolutions du système d'organisation du sport. Les premières interventions réelles sont réalisées sous le gouvernement de Vichy. Les textes sont très dirigistes allant jusqu'à contrôler la désignation des dirigeants sportifs. À la Libération, le dispositif de structuration du système d'organisation du sport s'assouplit, conservant derechef les prémisses interventionnistes. La reconnaissance des activités physiques et sportives en

4 Bruno Théret (dir.), *L'État, la finance et le social. Souveraineté nationale et construction européenne,* Paris, La Découverte, 1995, p. 588.

tant qu'activités sociales d'intérêt général renforce l'interventionnisme public dans le système d'organisation du sport.

La souveraineté étatique marque de son empreinte les structures sportives par la nature juridique ou économique de ses modes de régulation. Le sport professionnel n'échappe pas à l'intervention de l'État où les régulations tendent à maintenir l'unicité du système d'organisation du sport face à une montée croissante de l'économique et de ses velléités d'autonomisation.

La souveraineté de l'État marque la relation de la société civile au système du sport dans sa liberté d'association en groupements sportifs. Le principe de l'associativité des groupements sportifs est très tôt posé comme le principe général. Le régime de la Loi du 1er juillet 1901 qui régit le contrat d'association demeure extrêmement souple offrant une vraie liberté à la société civile de se prendre elle-même en charge. Par la reconnaissance législative et réglementaire l'État offre ainsi un cadre sur la base duquel peuvent se déployer les groupements sportifs. Les clubs sportifs peuvent se former librement et sans contraintes au regard de la loi du 1er juillet 1901, la constitution des clubs sportifs reposant essentiellement sur l'initiative privée. La pratique sportive s'y enracine. Les clubs se rassemblent ensuite pour constituer des organes de gestion intermédiaires (comités départementaux et régionaux), des organes de gestion au niveau national (fédération sportive nationale) et supranational (Union européenne, fédération internationale) pour organiser les rencontres et les compétitions.

Si le principe de l'associativité est la quintessence de la souveraineté de l'État en matière d'organisation du sport en France, la procédure d'agrément ministériel des groupements sportifs permet d'imposer des règles d'organisations supplémentaires aux clubs. L'agrément est une procédure impliquante en ce sens qu'un club ou autre groupement sportif doit en formuler la demande auprès du préfet, répondre à un certain nombre de critères tels la liberté d'opinion, le respect des droits de la défense, le respect des règles d'hygiène et de sécurité, la justification d'une affiliation fédérale pour la pratique de la compétition, le respect des règles de déontologie du sport définies par le Comité national olympique. À l'appui de la demande d'agrément l'association sportive doit fournir différents documents attestant d'un fonctionnement démocratique et d'une gestion transparente.

L'intervention de l'État dans le sport s'est faite à partir des années quarante, selon le principe de la délégation de pouvoir.

L'État a ainsi confié à des personnes privées, les fédérations sportives, la gestion d'un service public d'organisation des compétitions, des sélections et de délivrance des titres. Les fédérations sportives se constituent librement en accord au principe de l'associativité promu par la loi du 1er juillet 1901. Composées d'adhérents, associations sportives affiliées et d'éventuels membres à titre individuel, elles exercent leurs activités en toute indépendance, bien que placées sous tutelle du ministère chargé des sports. Les fédérations sportives peuvent reconnaître en leur sein des groupements sportifs au niveau régional ou départemental constitués eux-mêmes en « associations loi 1901 ». L'agrément des fédérations sportives et implicitement des groupements sportifs intermédiaires – niveau régional, départemental, délivré par le ministre de tutelle, atteste la présence de structures administratives et d'un encadrement technique appropriés à tous les niveaux de pratique sportive. Les fédérations sportives peuvent participer à des missions de service public à la condition de répondre à des critères précis d'organisation et de fonctionnement. La procédure de délégation de service public régule également le système d'organisation du sport dans la mesure où par cette procédure une et une seule fédération agréée dispose d'un monopole, limité à 4 ans renouvelables, sur l'organisation des compétitions, les sélections et surtout la délivrance des titres nationaux, régionaux ou départementaux. Expression du monopole, la fédération dispose seule de la capacité à définir les règles techniques propres à sa discipline, définir les règlements relatifs à l'organisation des manifestations sportives ouvertes à ses licenciés.

Le Comité national olympique et sportif est un élément caractéristique du système d'organisation du sport. Le CNOSF est l'expression même du système hybride français d'organisation du sport où cohabitent des régulations sportives et des régulations étatiques. L'interventionnisme de la puissance publique s'arrête là où s'impose la puissance charismatique et internationale du Comité International Olympique. Il revient au Comité International Olympique, après examen de la conformité des règles d'organisation et les missions à la Charte olympique de reconnaître dans chaque pays le comité national olympique le représentant. Cette règle échappe à toute intervention de l'État. Cependant, le CNOSF, situé au sommet de la pyramide du mouvement sportif français, est lui aussi constitué en association conformément aux dispositions de la loi du 1er juillet 1901. Le CNOSF est composé des fédérations sportives olympiques ou non et comprend des membres à titre individuels notamment des personnalités françaises membres du Comité International Olympique. L'État intervient dans le dispositif en reconnaissant la compétence exclusive du CNOSF pour constituer, organiser et diriger la délégation française aux Jeux Olympiques et dans les compétitions soutenues par le CIO. Des missions de représentation du mouvement sportif national, et de conciliation – préalable obligatoire dans l'exercice de prérogatives de puissance publique, lui sont notamment confiées.

La régulation économique conduit principalement à l'encadrement du régime des aides de l'État au sport. L'un des points incontournables pour les groupements réside dans la notion d'agrément. En effet, la législation en matière de sport prévoit que seuls les clubs et groupements sportifs agréés peuvent bénéficier de l'aide de l'État. L'agrément ouvre l'accès à tout groupement sportif à différentes formes d'aide (dotations financières, en personnel, en infrastructures sportives). La convention nationale d'objectifs est un des piliers essentiels du dispositif de régulation économique avec les fédérations sportives agréées. L'apport en personnels de l'État ou en agents publics rémunérés par lui en est un second.

Dans un autre registre, l'État reconnaît au CNOSF un certain nombre de droits de propriétés – emblèmes, devise, hymne, symbole olympique, termes jeux olympiques et olympiade. Titulaire de ces droits de propriété, le CNOSF peut ensuite les valoriser dans le cadre d'échanges marchands. Par son action de sponsoring, une société comme ADIDAS dispose par exemple de l'exclusivité de droits commerciaux sur « l'équipe de France olympique ».

Le cas du sport professionnel paraît exemplaire des limites des modes de régulation garantissant l'unicité du système français d'organisation du sport. La légitimité de la souveraineté de l'État prend ici toute son expression. Elle s'applique aux structures et aux relations internes au système du sport. Loin d'ignorer l'évolution du contexte économique, le cadre législatif applicable aux groupements sportifs professionnels (fédérations sportives, ligues et clubs professionnels), s'est transformé.

Précisons avant tout qu'en France, le sport professionnel est, par le jeu de la délégation, une activité dont l'organisation relève essentiellement des fédérations sportives. Parmi l'ensemble des fédérations sportives agréées et délégataires, certaines d'entre elles (football, rugby, cyclisme, boxe, tennis...) reconnaissent et organisent un secteur de compétition professionnel. La gestion de ce secteur peut en être confié, par la fédération, à une ligue professionnelle. L'audience du sport professionnel, ses difficultés économiques et financières récurrentes, la multiplicité des affaires a conduit la puissance publique à définir un cadre juridique plus adapté que celui de l'association. L'association sportive dont les recettes de manifestations payantes ou dont les rémunérations dépassent un seuil (1,2 million d'euros et 0,80 d'euros) a l'obligation de constituer une société commerciale. Le club professionnel se constitue sous la forme soit d'une entreprise unipersonnelle sportive à responsabilité, d'une société anonyme à objet sportif, soit d'une société anonyme sportive professionnelle. Une dérogation est faite aux clubs constitués en sociétés d'économie mixte sportive locale antérieurement au 29 décembre 1999. Néanmoins, le club professionnel conserve un lien étroit, par convention définissant un certain nombre d'obligations et modalités de fonctionnement, à l'association qui l'a constitué. La convention approuvée par le préfet précise en particulier les conditions et les contreparties de la concession ou de la cession de la dénomination, de la marque et autre signe distinctif de l'association. Les clubs professionnels participent aux compétitions organisées par une ligue elle-même professionnelle. Au-delà de l'organisation des compétitions, une ligue professionnelle est en charge de la représentation, de la gestion et de la coordination des activités sportives à caractère professionnel. Elle est constituée soit en tant qu'organe interne, soit en tant qu'association dotée de la personne morale. Quelle que soit sa forme, la ligue professionnelle est obligée de créer un organisme assurant le contrôle juridique et financier des associations et sociétés qui participent aux compétitions qu'elle organise. En tant que commission interne spécifique, la ligue professionnelle intégrée à la fédération en applique les modalités d'organisation et de fonctionnement. Pour ce qui est d'une ligue professionnelle distincte, la Ligue dispose d'une large autonomie (domaines technique, disciplinaire, financier et commercial) mais néanmoins reste fortement liée, par convention, à sa fédération délégataire, convention étant soumise non seulement à l'approbation de l'assemblée générale et mais aussi à celle du ministre chargé des sports.

Le dispositif étatique de régulation du système du sport ne se limite pas aux structures mais également aux personnes. L'intervention de l'État dans le sport professionnel est venue garantir les relations de travail des sportifs. Le respect des règles de droit du travail et du droit social demeure une pierre angulaire du sport professionnel. Des règles internes sont venues aménager le cadre général – la Charte du football professionnel, considérée comme une convention collective, conventions collectives du rugby et du basket-ball. Dans la même veine, l'État est venu encadrer l'activité d'agents de sportifs. Les intermédiaires ou agents sportifs sont des acteurs utiles au sport professionnel. L'exercice de l'activité est soumis au pouvoir délégué des fédérations sportives et doit répondre à des exigences en terme de connaissances dans le domaine juridique (fiscalité, droit social des contrats, assurances) et sportif (législation et réglementation des activités physiques et sportives, règlements fédéraux et internationaux). L'autorisation fédérale est matérialisée par la délivrance, par période de trois ans, d'une licence d'agent sportif. Chaque année, la fédération communique au ministre chargé des sports la liste des agents sportifs auxquels la licence a été délivrée. Le montant de la rémunération perçue par l'intermédiaire est lui directement encadré par la puissance publique, ne pouvant excéder 10 % du contrat versé que par l'une des parties.

Ce type de régulation économique concerne également les relations des collectivités territoriales avec les clubs professionnels. Les collectivités territoriales ont toute liberté pour définir leur politique en matière de sport de haut niveau. Toutefois, la régulation économique étatique marque de son empreinte, par l'encadrement du régime des subventions publiques, la relation des collectivités territoriales avec le sport professionnel. Les aides financières sous formes de subventions ou de contrats de prestations de service des collectivités territoriales aux clubs professionnels sont soumises à des règles spéciales. Les collectivités territoriales peuvent verser des subventions aux associations sportives ou aux sociétés qu'elles constituent pour accomplir des missions d'intérêt général – la formation des jeunes sportifs, la participation à des actions d'éducation, d'intégration ou de cohésion sociale, l'amélioration de la sécurité du public et la prévention de la violence dans les enceintes sportives – dans la limite de 2,3 millions d'euros par saison sportive. Les collectivités peuvent également souscrire à des contrats de prestations de service – achats de places, d'espaces publicitaires, apposition du nom ou d'un logo – sans toutefois dépasser en valeur relative un plafond de 30 % des produits des comptes de résultat de l'année précédente, en valeur absolue 1,6 million d'euros par saison sportive.

L'intervention de l'État s'applique aussi aux relations des organisateurs du sport avec les médias. Rappelons que les fédérations sportives délégataires disposent de la faculté de céder à titre gratuit aux ligues tout ou partie des droits d'exploitation audiovisuelle des manifestations ou compétitions qu'elles organisent. Au demeurant, la commercialisation par la ligue des droits cédés est strictement encadrée. La ligue loin d'avoir les coudées franches est tenue à des règles de commercialisation – constitution de lots, respect des règles de concurrence – et de répartitions de ses produits – parts destinées à la fédération et à la ligue fixées par la convention qui les lie, parts destinées aux clubs suivant les clefs de répartition fixées par la ligue.

Il apparaît toutefois que les régulations évoquées ne valent que dans un espace national fermé. Dès lors que l'on considère non plus l'espace national mais supranational comme espace pertinent, la robustesse de ces régulations s'atténue. Les acteurs du sport professionnel sont venus contester certaines régulations relatives au dispositif structurant le système et celles internes au système d'organisation du sport considérant qu'elles constituaient une entrave à leurs activités. Ainsi, grâce à une stratégie de contournement du cadre national, un club professionnel de quelque discipline sportive que ce soit peut dorénavant faire appel public à l'épargne. D'une autre manière, les clubs professionnels en négociant directement des droits de retransmission télévisuelle en dehors des modalités définies par le règlement intérieur (droits en différé et les droits non exploités par la ligue) avec les opérateurs privés, contournent par-là même la « centralité » de la ligue. Depuis 1995, la régulation relative à la libre circulation des joueurs professionnels dès lors qu'ils exercent une activité économique échappe au cadre national pour relever du cadre européen du sport professionnel.

Conclusion

L'originalité du système français d'organisation du sport réside dans un prégnant interventionnisme des pouvoirs publics. La trajectoire actuellement suivie par le sport, conséquence de nos traditions nationales mais aussi des politiques menées en France depuis la moitié du XXe siècle, montrerait que son système d'organisation en tant que forme d'organisation mixte ne semblerait pas pouvoir prévaloir autrement que comme forme transitoire. Le système d'organisation hybride s'éclipserait au profit d'une forme d'organisation où les pratiques de l'ordre économique s'imposeraient comme pratiques dominantes reléguant celles de l'ordre politique et domestique en arrière plan. Cette domination par l'économique ferait la part belle à des acteurs que Weber[5] qualifie « d'aventuriers » totalement dépourvus de scrupules. Elle révèlerait par ailleurs l'inadéquation entre l'ambition des politiques sportives, les moyens disponibles et les formes administratives de régulation. Le système d'organisation du sport unitaire où sport amateur et sport professionnel coexistent s'étiole et risque de se dissoudre si l'économique s'organise totalement hors de lui, les modes de régulations en vigueur devenant inopérants. Cette préfiguration irait, par la dissociation des pratiques économiques et sportives, à contre courant de la vision formulée par Polanyi[6] pour qui un système comme le système français d'organisation du sport participe justement du maintien du lien social et non de son contraire.

Par la restauration de régulations internes, le système d'organisation du sport conserve sa propriété de maintien et de renforcement du lien social. Le lien social ne relève pas seulement de relations édifiées par le système du sport, néanmoins, le système d'organisation du sport, rétabli dans ses fonctions, retrouve les qualités d'un système constitutif d'un niveau de la société, système qui cohabite avec d'autres systèmes constitutifs (système éducatif, système de santé, système de protection sociale) de la société. Le système du sport participe bel et bien de la définition du social, se limitant toutefois à n'être qu'un niveau du mode de régulation sociale et de la cohérence sociétale.

Bibliographie

- Andreff, W., « L'évolution du modèle européen de financement du sport professionnel », *Reflets et perspectives de la vie économique*, tome XXXIX, n° 2-3, 2000, pp. 179-195.
- Barreau, G., « Le modèle français du sport », *Revue française d'administration publique*, n° 97, 2001, pp. 15-56.

5 Max Weber, *L'Éthique protestante et l'esprit du capitalisme*, Paris, Flammarion, 2000, p. 101.

6 Karl Polanyi, *op. cit.*

- Musso, D., « Le sport professionnel 'à la française', possible inspirateur d'un futur modèle européen ? », *Revue française d'administration publique*, n° 97, 2001, pp. 91-99.
- Polanyi, K., *La Grande transformation*, Paris, Gallimard, 1986, 419 p.
- Théret, B. (dir.), *L'État, la finance et le social. Souveraineté nationale et construction européenne,* Paris, La Découverte, 1995, 608 p.
- Théret, B., « L'État dans la problématique de la régulation. Bref compte-rendu d'une histoire récente », *Actuel Marx,* n° 17, Paris, PUF, 1995, pp. 66-74.
- Théret, B., « Méthodologie des comparaisons internationales, approches de l'effet sociétal et de la régulation : fondements pour une lecture structuraliste des systèmes nationaux de protection sociale », *L'Année de la régulation,* vol. I, 1997, pp. 163-228.
- Weber, M., *L'Éthique protestante et l'esprit du capitalisme,* Paris, Flammarion, 2000, 395 p.

Les oscillations de l'industrie française de défense : entre continuité régalienne et transformations organisationnelles

Jean-Pierre SAULNIER

Souveraineté et défense sont intimement liées tant il est vrai que la défense est et reste une prérogative majeure du pouvoir souverain. Le pouvoir souverain est pris ici dans le sens du droit public international et constitutionnel, caractère suprême que possède l'État. Au cours des trois dernières décennies, des transformations importantes ont affecté les industries de défense, qui sont liées à des transformations dans l'environnement. Le monde a changé. Ces évolutions à l'échelle mondiale et dans les années 80, l'ouverture des marchés de l'armement, ont eu des conséquences directes en provoquant notamment des interrogations sur l'organisation des industries de défense, organisation qui datait des lendemains de la seconde guerre mondiale et de la guerre froide. L'industrie de défense, que ce soient les grands groupes industriels ou que ce soient les PMI associées à ces grands groupes, participent directement à l'exercice de la souveraineté à travers leur activité. Cette industrie participe à l'influence et au rayonnement de la France et en partie de l'Europe. Il y a, entre les pouvoirs publics et les industries de défense, nécessité d'un dialogue permanent. En quoi le pouvoir souverain a-t-il une influence sur la stratégie des organisations ? Comment s'exprime ce pouvoir souverain dans les industries de défense ? Quelle forme prend-il ? Comment a-t-il évolué ? Comment l'entreprise réagit-elle ? Qu'en est-il aujourd'hui et qu'en sera-t-il demain ? C'est la trame des développements qui suivent.

Le premier point que nous examinerons porte sur « *un cadre d'action dominé par l'État souverain* ». Le deuxième point traite quant à lui « *du pouvoir souverain dans la vie d'une entreprise* », à partir du cas de GIAT Industries Nexter. Nous nous interrogerons enfin sur un nouveau modèle de développement : « *vers un modèle de souveraineté atténuée* ».

Un cadre d'action dominé par l'État souverain

Afin de défendre les principes inscrits dans le préambule de la Constitution de 1958 et les valeurs de la République, notamment l'indépendance nationale, la Constitution donne, en matière de défense, un pouvoir important au chef de l'État, Président de la République d'un côté, et au gouvernement de l'autre. Le texte constitutionnel et les articles qui prévoient les prérogatives du Président de la République et du gouvernement dans ce domaine sont les articles 13, 15, 20 et 21 de la Constitution. L'article 15 définit ainsi le rôle du chef de l'État en matière de défense : « *Le président de la République est le chef des armées. Il préside les conseils et les comités supérieurs de la défense nationale* », l'article 13 précisant son pouvoir de nomination dans les domaines civils et militaires. En ce qui concerne le rôle du gouvernement, ce sont les articles 20 et 21 qui précisent son rôle : « *Le gouvernement détermine et conduit la politique de la Nation. Il dispose de l'administration et de la force armée* ». Nous voyons bien, sur le plan légal, les responsabilités respectives du Chef de l'État et du gouvernement, donc du pouvoir souverain qu'ils représentent. Ce pouvoir souverain s'exprime également en matière de défense et de manière importante et prospective, à travers trois documents qui montrent l'implication de l'État.

- Le premier document est le « PP30 » ou « plan prospectif à trente ans ». C'est un outil de référence pour la préparation de l'avenir. Dans le secteur de la défense, les acteurs de la défense prévoient une échéance à trente ans qui est par ailleurs la durée de vie en général d'un matériel militaire. Ce cycle de trente ans a pu poser des problèmes de compatibilité avec les industries civiles qui ont un cycle plutôt de dix ans, voire plus court pour la mise en œuvre de technologies duales. Ce plan prospectif à trente ans est le résultat d'un travail continu où les réflexions en commun construisent les grandes orientations pour l'outil de défense de demain.

- Le deuxième document est la loi de programmation militaire 2003/2008. Il s'agit de l'engagement de la France par rapport à son outil militaire. Elle définit des projets et des crédits prévisionnels en matière d'investissements mais également en matière d'études amont, question essentielle dans le domaine de la défense. Les hautes technologies font partie de la dimension stratégique de ces industries. La loi de programmation militaire fait également référence à l'Europe. Nous voyons bien se dessiner des partages, voire des conflits de souveraineté éventuels. « *Le défi adressé à l'Europe est de se doter des capacités stratégiques et technologiques suffisantes pour assurer son autonomie future d'appréciation et d'action* », est-il écrit dans la loi de programmation militaire 2003/2008.
- Le troisième document - à la fois d'organisation et prospectif - c'est le « plan armée 2015 », qui définit les objectifs capacitaires et les plans d'adaptation et d'équipement des forces. La faisabilité de ces plans est étroitement subordonnée à la maîtrise des technologies nécessaires.

L'industrie de défense, que ce soit les grands groupes industriels qui la constituent ou les PME PMI qui leur sont associées, participe directement de l'exercice de la souveraineté.

Comment le pouvoir souverain est-il impliqué au niveau des entreprises ? Dans le cadre des industries de défense, le pouvoir souverain est pluri-acteurs. Il est actionnaire majoritaire, voire seul actionnaire. À ce titre, il veut que l'entreprise ne fasse pas de perte ; une revendication qui peut apparaître nouvelle dans ce secteur, mais qui est importante dans les vingt dernières années qui viennent de s'écouler. L'État est, ensuite, pilote et financier de la R & D. Il souhaite que l'entreprise soit performante, notamment sur le plan de l'innovation technologique compte tenu de l'engagement financier significatif des pouvoirs publics. L'État, en troisième lieu, est client. Il veut des études et des produits au moindre prix. On retrouve là une logique économique qui a pu être évoquée par ailleurs. Et puis l'État souverain souhaite, avec les collectivités locales concernées, et surtout dans la période de restructuration des industries de défense, que les plans sociaux ne soient pas trop durs. Les collectivités souhaitent, à ce titre, obtenir un certain nombre de compensations du fait de la réduction des industries de défense. La ville de Bourges et le département du Cher en sont une illustration. En témoigne le contrat de site qui a pu être signé entre l'État et les diverses collectivités publiques que sont l'agglomération de Bourges, le département du Cher et la Région Centre. Question également importante et qui permet de souligner ce qu'est la souveraineté de l'État dans ce domaine particulier des ventes d'armes : l'État réglemente et contrôle. L'État va contrôler tous les marchés d'armement, pour des raisons politiques et diplomatiques. L'existence reconnue d'un tissu industriel performant, aux produits présentés sur tous les marchés, contribue à la crédibilité de la politique générale de défense. Ces moyens permettent l'autonomie de décision et d'action du pouvoir politique, et donc l'affirmation par la France de sa souveraineté stratégique.

La place du pouvoir souverain dans la vie d'une entreprise : le cas de l'entreprise GIAT Industries Nexter

En premier lieu, une dimension de ce secteur sur le plan économique et social. Le secteur de la défense comprend 5 000 entreprises et 400 000 emplois. C'est dire aussi qu'il pèse dans l'économie, dans la vie de l'État et d'une collectivité comme l'agglomération de Bourges. Portons en premier lieu un regard sur l'évolution de l'entreprise GIAT Industries, et maintenant Nexter, pour la période de 1971 à 2006, c'est-à-dire sur trente-cinq ans.

À l'origine, les établissements de défense étaient répartis sur le territoire national. En 1971, douze établissements vont être regroupés dans le cadre d'une structure unique qui s'appelle le Groupement Industriel des Armements Terrestres (GIAT). Après un certain nombre de rapports d'études, est publié le rapport Engerand en 1986 qui propose de transformer ce Groupement Industriel des Armements Terrestres en société anonyme GIAT Industries. Cela est fait le 1er juillet 1990.

Figure A : Des arsenaux à Nexter

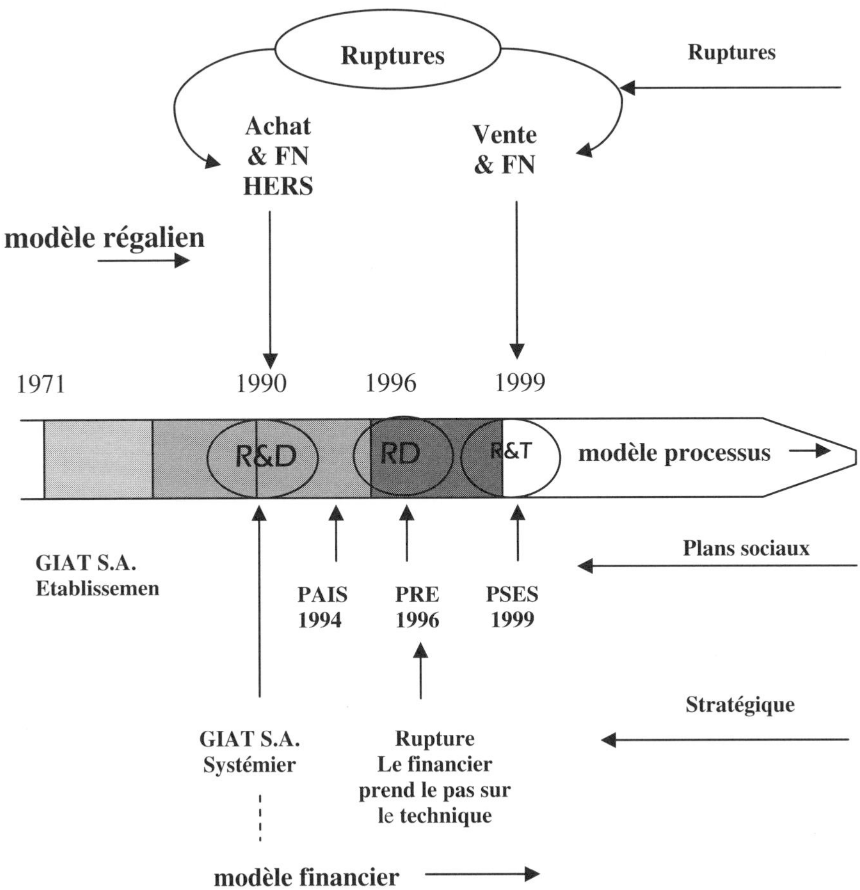

Des ambitions stratégiques sont affichées. Le PDG de l'époque, Pierre Chiquet, engage des rachats d'entreprises, de filiales, avec une vision d'entreprise à l'échelle de la planète. C'est notamment l'achat de l'entreprise Belge FN Herstal qui permet d'acquérir Browning Winchester ; puis l'acquisition de Beretta et d'un certain nombre d'autres entreprises (Manurhin, Luchaire, Cimebocuze…). Le groupe industriel représente en 1995 de l'ordre de 16 200 personnes. C'est un groupe extrêmement important qui a des activités militaires mais aussi civiles. L'une des difficultés que va rencontrer l'entreprise est liée au contexte international, avec la chute du mur de Berlin en 1989, puis l'éclatement de l'Union soviétique. C'est la fin de la guerre froide, une rupture brutale dans la doctrine militaire d'alors. L'entreprise, qui est en train de mettre en place sa stratégie dans le cadre d'une nouvelle organisation, est percutée de plein fouet. D'où des décisions radicales de l'État souverain ; c'est la revente de FN Herstal, c'est un nouveau redécoupage de l'entreprise, c'est le choix d'une stratégie d'abandon du civil au profit du militaire et du recentrage sur le métier militaire.

Les éléments organisationnels sont intéressants à observer. L'entreprise a d'abord des branches d'activités puis des divisions et devient, en novembre 2006, une société holding avec un certain nombre de filiales dont la plus importante est Nexter. Tout ceci sous le contrôle de l'État.

Interviennent parallèlement des plans sociaux dont les noms sont intéressants à souligner : « plan d'adaptation industriel et social » 1994, « plan de retour à l'équilibre » 1996, « plan stratégique économique et social » 1999, « plan Vigneron » 2002.

Dans la période où le régalien domine, les préoccupations économiques ne sont pas forcément les premières priorités. La logique prédominante est une logique d'efficacité et non pas une logique d'efficience. Cette dernière va s'imposer dans un deuxième temps. La rupture intervient de manière extrêmement forte en 1996 : le financier prend le pas sur la technique, ce qui va poser un certain nombre de nouveaux problèmes à l'entreprise. Pour mener l'analyse de l'entreprise GIAT Industries sur trente-cinq ans nous avons utilisé comme fil conducteur l'évolution de la recherche et de l'innovation. La R et D devient en 1996 « Recherche et Développement industriel », ce qui souligne une préoccupation industrielle fortement marquée. Elle devient « Recherche et Technologie » en 1999. L'ouvrage d'Yvon Pesqueux, *Organisation : modèles et représentations* (2002), fournit un référentiel intéressant pour lire l'évolution de l'entreprise. On peut affiner cette lecture en prenant quatre paramètres : un paramètre politique et diplomatique, un paramètre technologique, un paramètre social et en quatrième lieu, un paramètre économique. Au cours de l'évolution de l'entreprise la hiérarchisation de ces quatre paramètres est différente dans le temps. Le politique et le diplomatique sont globalement dominants. Puis le technologique sera porté par l'État souverain pendant une longue période et continue à l'être à travers la loi de programmation militaire qui finance notamment les études amont. Le troisième paramètre est le paramètre social. L'économique n'était pas la priorité. Avec les transformations du monde sont envisagées des transformations dans l'entreprise pour évoluer vers un modèle cible, le modèle financier. L'économique devient alors un paramètre majeur et c'est une revendication du politique puisque l'entreprise dépend à la fois du ministère de la Défense, mais aussi de Bercy. Ces revendications financières de Bercy n'est pas spécifique aux industries d'armement, mais concerne aussi les autres domaines régaliens de l'État, comme le domaine de l'énergie par exemple.

Figure B :
L'innovation technologique et les deux modèles : le régalien et le financier

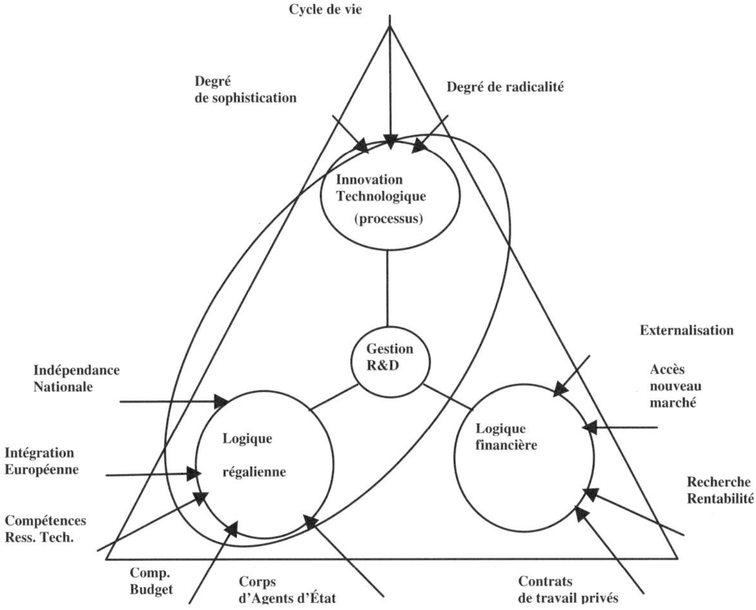

Deux logiques sont en présence dans l'entreprise à partir des années 1990 et de la création de la société anonyme GIAT Industries.

La logique régalienne se maintient avec les notions « d'indépendance nationale », la dimension européenne, le corps des agents d'État, pour ne retenir que trois éléments particulièrement caractéristiques. Elle doit coexister avec une logique financière qui invite à rechercher de nouveaux marchés, à passer des contrats de droit privé, à envisager des externalisations, pour ne prendre en compte que ces trois aspects. La R et D est tiraillée du fait de ces évolutions, ce que traduisent les notions de technologie duale et la théorie des trois cercles.

À partir des années 1980, les États-Unis développent la notion de technologie duale afin de réduire les coûts, d'avoir une rationalité plus importante dans le domaine de l'innovation : un certain nombre de technologies peuvent participer, du militaire ou du civil. En appliquant ce choix politique, les entreprises d'armement rencontreront des difficultés, notamment GIAT Industries : les cycles de fabrication entre du matériel civil et du matériel militaire ne sont pas les mêmes. Les innovations qui peuvent intervenir sur certains matériels civils ne sont pas forcément compatibles avec les évolutions du secteur militaire, dans la mesure où le militaire utilise des fabrications civiles. Concernant les technologies duales, pour Claude Weisbuch (1998), la dualité est à double tranchant. Si les technologies sont vraiment duales, tout le monde y a accès, nous et nos ennemis ou nos concurrents. Par rapport à une situation où ce sont les technologies qui déterminent la performance du système, la dualité neutralise cet avantage du fait de l'accès général à ces technologies. La seule manière d'être supérieur, c'est de partir du dual mais d'en faire plus, en durcissant les composants, en faisant en sorte qu'ils puissent fonctionner dans un système global : « rien de plus proche qu'un radar civil ou un radar militaire, sauf que le premier veut voir des avions qui se montrent tandis que le second cherche des avions qui le fuient ».

Avec la théorie des trois cercles, le statut des technologies évolue encore.

Figure C : Le modèle des « 3 cercles »

Le cercle se rétrécit

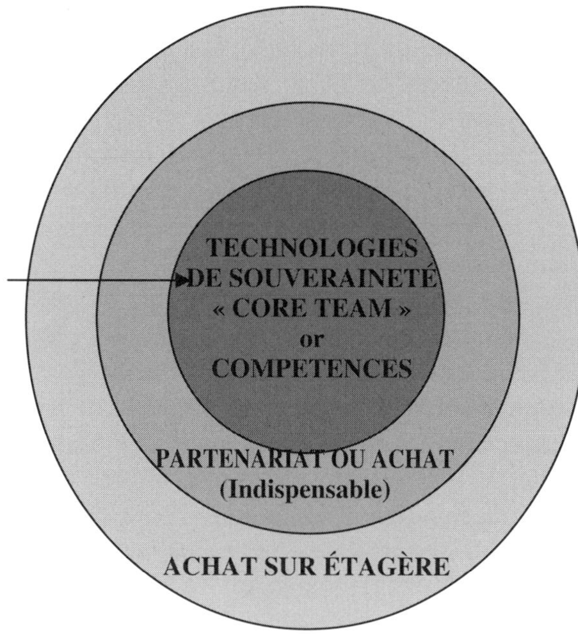

Les trois cercles concentriques représentent :

1 – le noyau dur : ce que l'entreprise a *besoin de posséder* ; ce que les anglo-saxons appellent le « *core team* » *ou* « *competences* ».

2 – le deuxième cercle : ce qui est *indispensable*, mais que l'on peut acheter à l'extérieur ou se procurer chez un coopérant.

3 – le troisième cercle : les compétences qui vont contribuer aux produits, mais que l'on n'a pas intérêt à avoir dans l'entreprise.

Ces technologies ne peuvent être managées qu'au niveau de l'État. On entre dans une logique de marché, mais qui est le client ? Est-il encore le client État souverain ? L'État était, dans la logique régalienne, le client unique. *A contrario*, une diversification des clients pourrait à l'extrême limite faire que le gouvernement français, l'armée française, devienne, un client parmi d'autres. Ceci illustre d'une certaine façon, le fantasme managérial du début des années 90.

Un premier dilemme concerne la finalité stratégique de l'entreprise et de sa fonction innovation : renvoie-t-elle à la souveraineté ou renvoie-t-elle à une technologie que nous qualifierons d'ouverte ? Fabriquer des systèmes d'armement terrestre ne serait pas essentiellement différent que de fabriquer des voitures ou de l'électroménager. Suivant les périodes, la stratégie bascule d'un côté ou de l'autre. Cette question s'enracine dans le fait de savoir qui est le client, qui est le donneur d'ordre, pour qui l'entreprise travaille en priorité.

Le deuxième dilemme est de savoir aussi ce qui légitime ces activités et quels sont par exemple, les contrôles institutionnels. La question qui se pose est celle de la légitimité en fonction du client (État souverain ou État-client comme un autre). L'État actionnaire (Bercy) veut que GIAT Industries ne fasse pas de perte. L'État client veut des études et des produits au moindre prix, ce qui réduit les marges d'où d'éventuelles pertes. L'État souverain souhaite que les plans sociaux ne soient pas trop durs. Les trois points de vue se télescopent. L'entreprise est écartelée.

Une autre question est de savoir quelle est la performance : est-ce une performance d'efficacité, c'est-à-dire qu'on demande à cette entreprise industrielle et à la fonction R & D plus particulièrement, d'atteindre des buts coûte que coûte, parce que c'est une garantie politique souveraine, un moyen diplomatique, une présence sur l'échiquier international ? Ou est-ce que l'on est dans une notion de performance, d'efficience, c'est-à-dire que l'on veut mesurer des budgets, des coûts, une rentabilité à court et à moyen terme, etc. Ce sont les contrôleurs de gestion, les financiers qui arbitrent en disant « *on continue ou on ne continue pas* ».

La question de la légitimité est transversale à ces questions : qui gouverne, qui contrôle, par rapport à quel référentiel, à quelles normes ?

Certaines technologies et modalités de mise en œuvre sont très particulières au domaine militaire. D'autres technologies peuvent être trouvées « sur étagère », ce sont celles qui sont à la disposition du public. D'autres technologies peuvent être obtenues par le biais de partenariats ou d'alliances. Au milieu du cercle se situent les technologies de souveraineté, technologies qui sont particulièrement sensibles au cœur du pouvoir souverain.

Si l'entreprise - qui a ses propres problèmes, son propre langage - doit évoluer, elle ne peut faire fi du pouvoir souverain financier pour aujourd'hui ni pour demain.

Vers un nouveau modèle de souveraineté : un État toujours présent

Le modèle régalien est historiquement celui qui a marqué l'entreprise GIAT industries et les autres secteurs de l'armement de 1970 à 1990. Un modèle cible, le modèle financier s'est développé à partir de 1990.

Le modèle régalien est dans une logique de reproduction, dans la perspective de ne rien changer ou de changer à la marge. Il pèse dans la vie de l'entreprise et dans les évolutions futures. Le modèle financier est le modèle cible, dans lequel l'économique domine. Le social y est secondaire tout comme le politique, le diplomatique et le technologique. Le schéma joint en montre l'évolution. On peut faire cependant l'hypothèse que le modèle financier pur ne sera jamais complètement atteint. Tandis que le modèle régalien est moins prenant, l'entreprise se dirige vers un modèle hybride que l'on peut qualifier, en reprenant les catégories et les modèles développés par Yvon Pesqueux, de modèle dialogique processus-financier.

Les évolutions et oscillations sont toujours en cours (Saulnier, 2006). Ce troisième modèle s'inscrit dans le cadre d'une souveraineté atténuée au niveau national et commençant à se développer au niveau européen.

Dans un contexte de mondialisation accélérée, l'Europe constitue un nouveau périmètre d'engagements partagés même s'il n'y a pas à proprement parler une politique européenne de Défense. Cette évolution géopolitique a-t-elle favorisé l'émergence de nouvelles problématiques ? La réponse est oui et non...

Figure D : Vers un modèle dialogique processus-financier

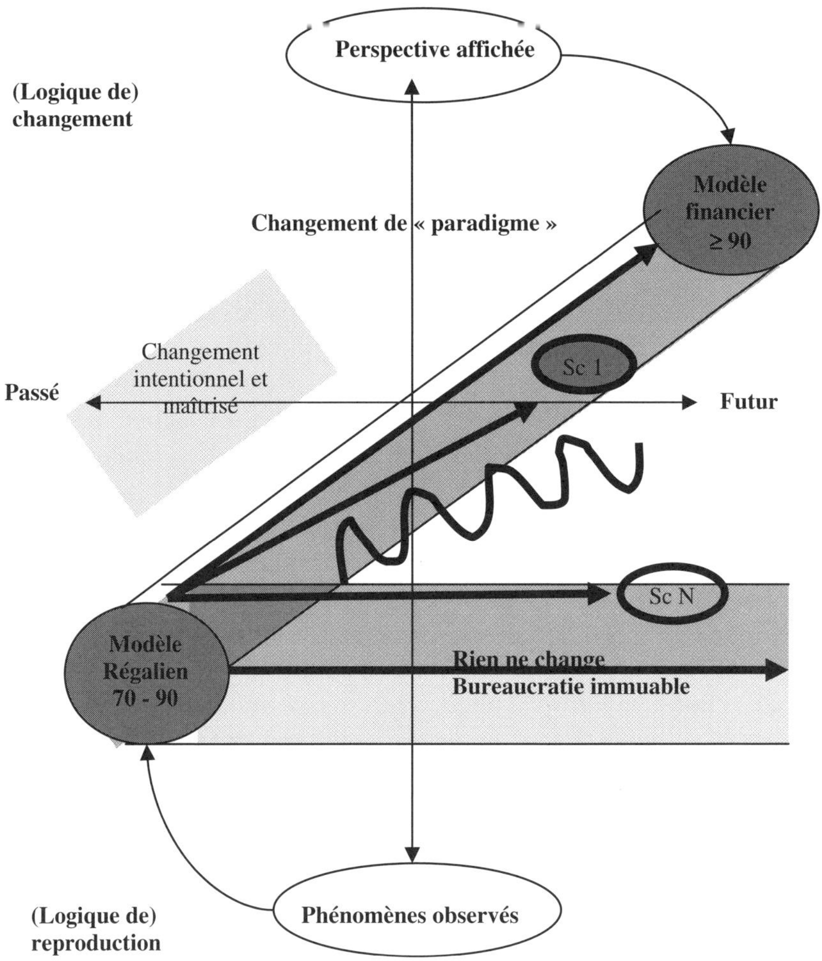

Figure E : Le modèle dialogique « processus - financier »

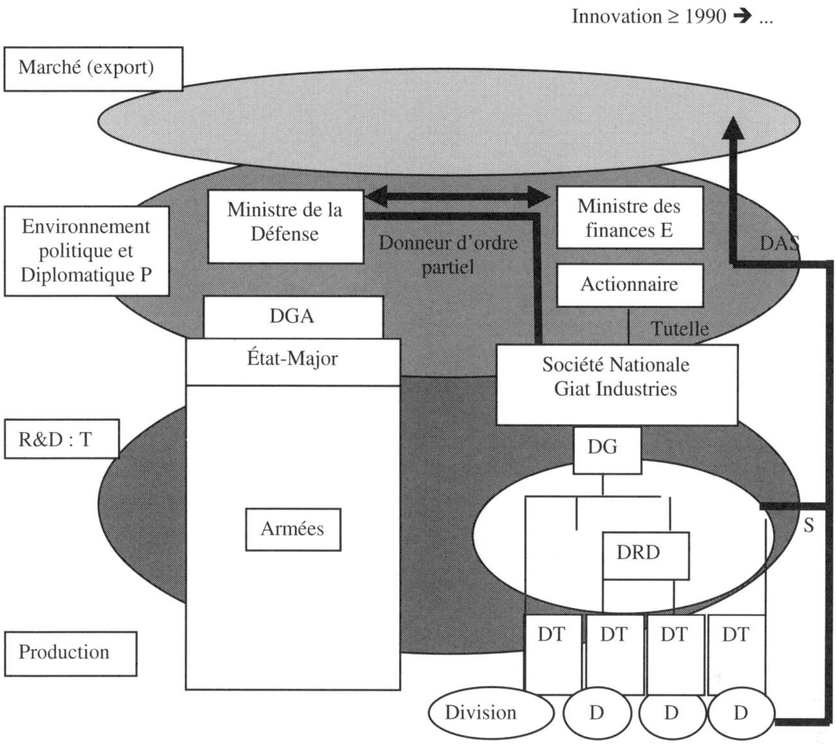

➔ Modèle hybride

Oui, car le schéma ancien, la doctrine militaire passée fondée sur les risques de conflits Est Ouest, a disparu. Non, car il n'existe pas de politique européenne de défense acceptée et partagée par les vingt sept États de l'union.

Le projet de traité constitutionnel européen a mis en évidence la réalité de la construction européenne et ses difficultés liées notamment au fait que chaque État a une histoire nationale à la fois politique, administrative, économique et sociale. La construction européenne pose une problématique territoriale qui met en jeu l'équilibre de chaque État et qui nécessite pour en prendre toutes les dimensions d'en saisir la complexité. Ce sont les nouveaux défis auxquels nous sommes confrontés.

Dans le débat souveraineté nationale – souveraineté européenne, il ne faut pas oublier un acteur essentiel : l'État. Si l'on fait un parallèle avec les lois de décentralisation de 1982 et 1983, il a toujours été considéré qu'à un accroissement des compétences des collectivités territoriales devait impérativement correspondre une présence renforcée de l'État sur le plan territorial. Et c'est bien ce qu'ont tenté de mettre en œuvre les textes.

Les questions de souveraineté nationale comme celles de défense européenne existent plus ou moins dans toutes les démocraties européennes, ces interrogations posant les bases d'un beau chantier pour le futur.

Car l'État reste ce cadre spatial privilégié, au sein duquel s'affrontent et coexistent le pouvoir des gouvernants et la liberté des gouvernés. Cette modalité d'organisation sociale qui peut paraître exemplaire n'en est pas moins empruntée de relativité, notamment du fait de la mondialisation de l'information et des questions économiques, environnementales et humaines.

Bibliographie

- Pesqueux, Y., *Organisation : modèles et représentations*, PUF, 2002.
- Saulnier, J.P., « Entre continuité régalienne et transformations organisationnelles : la gestion de l'innovation dans l'industrie française de défense. L'exemple de GIAT-Industries (1971-2001) », thèse de doctorat en sciences de gestion, Cnam, 2006.
- Weisbuch, C., « Y a-t-il un besoin de recherche de défense ? », Conférences du CHEAR, mars 1998.

La maîtrise de l'information source de souveraineté : le cas des C4iSR

Jean-Fabrice LEBRATY

Parmi les grandes organisations publiques, l'armée de terre constitue une de celles ayant connu un nombre élevé de transformations dans un laps de temps réduit. Évolution des adversaires désignés[1], réorganisation, réduction des effectifs ou encore numérisation de l'ensemble des flux, les changements sont si profonds qu'a émergé le concept de « *Revolution In Military Affairs* » (Hoffman, 2006)[2].

Dans ce nouveau cadre, plusieurs axes d'effort ont été définis par les cercles de réflexions consacrés à la Défense. Parmi ces axes, les deux suivants concernent les concepts d'information et de décision : acquérir la supériorité de l'information (IS) et raccourcir la durée des processus de prise de décision.

Concernant la supériorité de l'information, Thibodeaux et al. (2006) proposent de formaliser les paramètres nécessaires pour l'atteindre par la formule suivante : **IS = IM + ISR + IO**. Pour cet auteur, la supériorité de l'information (**IS**) dépend de la manière de manager l'information (**IM**), des capacités de rensei-

---

1 Le livre blanc de la Défense de 1994 avait déjà redéfini les différentes menaces et le livre blanc 2008 les a à nouveau actualisées.

2 Voir aussi : http ://www.comw.org/rma/

gnement (**ISR**) et des opérations sur l'information[3] (**IO**) qui sont menées.

L'objectif de réduire la durée du processus de prise de décision part du constat simple que l'on a que peu d'actions sur le délai de survenance des évènements. Napoléon Bonaparte le savait déjà quand il indiquait : « *Je n'ai jamais été véritablement mon maître ; mais j'ai toujours été gouverné par les circonstances* »[4]. Pour éviter d'être trop contraint par les circonstances, décider plus vite permet d'éviter que les problèmes ne se surajoutent et que la situation ne devienne inextricable. De multiples pistes (Parapone, 2001) ont été suivies pour raccourcir le temps décisionnel. La première s'est fondée sur l'expérience de John Boyd, un pilote de chasse qui a proposé un modèle décisionnel mettant en lumière l'importance de l'observation et de l'interprétation de la situation : le modèle OODA (*Observe – Orient – Decide – Act*) (Osinda, 2006 ; Bryant, 2006). Ces réflexions initialement menées dans un cadre militaires ont rejoint un courant de recherche visant à expliquer le comportement décisionnel. L'approche « *Naturalistic Decision Making* » que nous détaillerons plus loin constitue le nouveau socle de la pensée américaine en matière de décisions en situation de crise.

Dominer par l'information et raccourcir le processus décisionnel constituent un réel défi qui nécessite de disposer d'une architecture technologique adéquate. Dans le domaine militaire, une catégorie de systèmes technologiques a émergé : les systèmes de commandement et de contrôle assistés par ordinateur. Plusieurs variantes peuvent être trouvées : C3I – C4I – C4ISR[5], nous parlerons donc de *CxI*, pour désigner de manière générique ce type de système.

Le concept de *CxI* accroît les fonctions de commandement et de contrôle en intégrant la communication, le support des technologies de l'information et des fonctions de renseignement. Par commandement, il faut comprendre « *l'exercice de l'autorité,*

---

3 Le terme « d'opération sur l'information » recouvre les opérations visant à influencer la perception des évènements par une population cible. Le terme « d'actions psychologiques » peut également être employé.

4 Cité notamment par François Furet et disponible à l'adresse suivante : http ://www.laviedesidees.fr/spip.php ?page=print&id_article=114.

5 C3i : Command – Control – Computer – Intelligence / C4iSR : Command – Control – Communication – Computer – Intelligence – Surveillance – Reconnaissance.

par une personne formellement désignée, sur des forces qui lui sont assignées, afin d'accomplir une mission »[6]. Le contrôle est lui un concept recouvrant polysémique. Deux principaux sens peuvent être retenus ici : « *ensemble des moyens permettant de s'assurer qu'un subordonné s'acquitte de sa tâche* »[7] et « *outils conduisant à visualiser les actions menées* »[8]. L'aspect communication signifie ici : « *Action de commandement visant à transmettre une information éclairée, contrôlée et dirigée par une autorité, vers un destinataire ciblé* »[9]. Le terme américain *Intelligence* peut être traduit en français par renseignement, que nous définissons de la suivante : « *information dont la possession est susceptible d'exercer une influence sur la conduite des opérations* ». Rappelons qu'un renseignement est une information, c'est-à-dire une donnée à laquelle une personne ou un groupe apporte une signification, un sens (Lebraty, 2001). Parfois, le sens accordé à un évènement factuel peut conduire à réévaluer la situation et donc à agir sur le cours de l'action. Dans un tel cas, l'information gagne le statut de renseignement.

Les systèmes de type *CxI* nécessitant des moyens importants, tant au plan financier qu'en regard des compétences requises (Yeoh, 2007), ne concernent que les armées les plus développées. Aussi, dans cet article, nous aborderons les systèmes français et américains afin de mettre en évidence les concepts théoriques sur lesquels ils sont fondés et nous proposons la problématique générale suivante :

Quelles sont les implications en termes d'utilisation opérationnelle des fondements théoriques des systèmes de *CxI* français et américains ?

---

6 *Dictionnary of military terms Joint Chiefs of Staff – US DoD*, Green Hills Books, 1999.

7 *Ibidem.*

8 *Ibidem.*

9 CD armée de terre CDEF 2006.

Cet article vise, premièrement, du point de vue théorique, à exposer le continuum existant entre l'approche théorique et l'outil disponible pour l'utilisateur. Nous indiquerons que l'on ne peut changer techniquement l'outil sans réfléchir aux théories qui le fondent. Du point de vue managérial, deuxièmement, en exposant le système américain nous pourrons proposer une voie d'évolution pour les concepteurs du système français.

Pour répondre à notre problématique, dans un premier point, nous préciserons notre méthodologie de recherche. Dans un second point, nous décrirons brièvement les systèmes français et américain. Dans un troisième point nous aborderons les supports théoriques de ces systèmes, puis nous exprimerons leurs implications pratiques. Enfin, nous discuterons des voies d'évolution pour le système français.

Méthodologie de recherche

Notre méthodologie de recherche se compose d'une double approche :

- pour la France : une recherche-action menée de juillet 2004 à décembre 2006 dans un régiment de l'armée de terre française[10] ;
- pour les USA : une rigoureuse veille documentaire.

Décrivons donc premièrement la recherche-action (Baskerville et Myers, 2002). Cette étude a débuté en juillet 2004 au sein d'une unité qui s'est vu confier la mission d'implémenter un système visant à gérer la transmission des ordres et à assurer la conduite des opérations militaires. L'autorité chargée de la mise en service opérationnelle de ce nouveau système nous a demandé de participer à l'expérimentation en formulant toute proposition susceptible de favoriser la réussite de cette mission.

Plusieurs actions ont été menées :

- rédaction d'un compte rendu du fonctionnement du système dans une autre unité qui l'avait testé pendant 20 mois ;

---

10 Par mesure de discrétion, nous ne donnerons pas la référence exacte de cette unité d'élite.

- réalisation d'exercices de simulation pour tester la logique d'emploi du système ;
- participation au premier exercice de brigade numérisé sur le territoire national ;
- participation à la première utilisation du système en opération extérieure.

À chaque fois, nous avons présenté nos observations aux différents utilisateurs et responsables du régiment, mais aussi des personnels extérieurs chargés du suivi de ce projet. Nous avons, notamment, collaboré à la rédaction des comptes rendus à usage interne. Au travers de ces nombreux échanges, nous nous sommes efforcés de comprendre les arguments formulés et de proposer des solutions en concertation avec l'ensemble des acteurs.

Après plus de 2 ans de tests, nous avons réalisé un cycle complet dans cette vaste recherche-action nous permettant de décrire finement ce système[11].

Concernant le système américain, nous avons réalisé une analyse de l'abondante littérature disponible et nous avons réalisé des entretiens avec deux utilisateurs de ce système. Cependant, nous n'avons pu observer ce système dans des situations concrètes, l'accès au terrain étant réservé aux seuls membres des forces armées américaines.

Description des systèmes *CXI*

Dans cette partie nous présenterons les systèmes français et américain. Le respect de la confidentialité des informations d'une part et la difficulté d'accéder aux informations américaines d'autre part, nous conduisent à seulement indiquer les grandes fonctions de es systèmes.

Le système français : un système C3i en voie de généralisation

Depuis quelques années, la France a décidé de moderniser et d'informatiser son système de commandement et de contrôle, créant ainsi le concept de **N**umérisation de l'**E**space de **B**ataille

11 Tout en respectant les règles élémentaires de confidentialité inhérentes à tout système d'arme opérationnel.

(**NEB**). La NEB consiste en la mise en réseau de l'ensemble des plates-formes de combat, des moyens logistiques et des états-majors afin d'acquérir la supériorité de l'information, condition du succès des opérations[12]. Un des premiers chantiers de la NEB consiste en la numérisation de la chaîne de transmission des ordres d'opérations (**OPO**). Dans ce cadre, plusieurs systèmes existent le long de la chaîne hiérarchique de l'armée de terre française :

- le **SIC-F** (**S**ystème d'**I**nformation et de **C**ommandement des **F**orces) qui relève du niveau de l'état-major d'une **G**rande **U**nité (**GU**), comme par exemple, une Brigade (environ 9 000 hommes) ;
- au niveau régimentaire ou **G**roupement **T**actique **I**nter-**A**rmes (environ 1 500 hommes), il existe plusieurs systèmes selon les différentes armes (infanterie, artillerie, etc.) dont le **SIR** (**S**ystème d'**I**nformation **R**égimentaire) qui concerne les régiments d'infanterie et de blindés légers ;
- les **SIT** (**S**ystèmes d'**I**nformations **T**erminaux) destiné au chef de section (environ 30 hommes) et à certains personnels en prise directe avec la situation.

L'objectif de ce « système de systèmes »[13] est de faciliter l'exercice du commandement des unités combattantes de l'armée de terre. C'est donc un système fédérateur qui améliore la capacité d'échange et de traitement d'informations tactiques dans le cadre général du combat aéroterrestre futur. Il doit équiper la quasi-totalité des régiments de l'armée de terre dans les années 2010-2012.

---

12 Mémento de PC de GTIA numérisé, Tome 1, Organisation du PC (approuvé le 18 avril 2005, n° 000358 /DEF/CDEF/DEO/Bureau futurs, éd. 2005).

13 Terminologie employée dans le milieu militaire.

La figure 1 positionne ces différents systèmes :

Figure 1 : Positionnement du SIR parmi les autres systèmes militaires

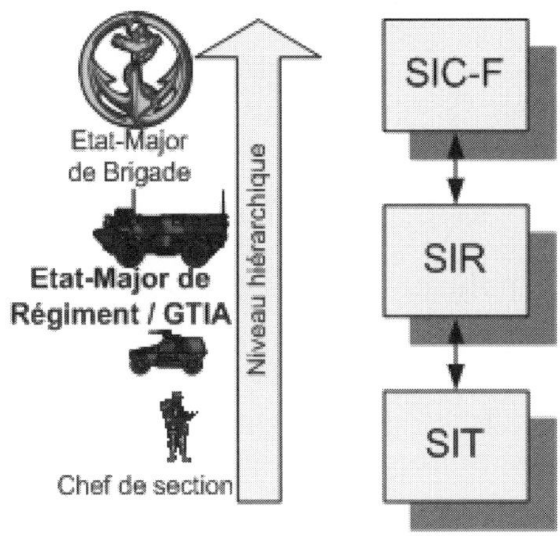

La chaîne SICF-SIR-SIT constitue un système de type C3I. Les trois grandes fonctions peuvent être mises en évidences :

- la fonction Commandement qui permet de produire et de diffuser des OPO après avoir déroulé une procédure décisionnelle appelée **MEDO** (**M**éthode d'**E**laboration des **D**écisions **O**pérationnelles) ;
- la fonction Contrôle grâce à laquelle il est possible de visualiser en temps réel les unités amies et les contraintes liées à l'environnement. Cette fonction s'avère essentielle dans la conduite de la manœuvre ;
- la fonction Renseignement qui permet de positionner les unités ennemies et d'imaginer les actions qu'elles pourraient entreprendre.

Le système français ne comprend pas de fonction de communication avancée. Les travaux de Daft et Lengel (1986) ont démontré qu'il existe un lien entre la richesse de l'information et le type de média sur lequel elle circule. Or, le média est conditionné notamment par ses contraintes techniques. Dans le cadre du système français, le faible débit réduit les capacités de communication. Par exemple, certains flux, comme la vidéo, ne sont pas supportés. C'est pour cette raison que nous préférons employer le terme de C3i pour le système français.

Le modèle américain : un C4ISR en perpétuelle évolution

La première particularité du système américain est la profusion de systèmes. En effet, 11 systèmes différents sont en service dans la seule armée de terre (regroupant *US Army* et *US Marine Corps*) et sont testés et développé à Fort Monmouth. Certaines appellations ont disparu, notamment le *Army Tactical Command and Control System* (ATCCS) qui était l'équivalent du SICF-SIR. Cependant les applications le composant sont toujours employées.

À ce jour, tous les systèmes sont regroupés dans le ABCS *Army Battle Command System* qui en est à la version 6.4. Ce système regroupe au niveau stratégique le *Global Command and Control System Army* (GCCS-A), au niveau tactique les applications de l'ancien ATCCS et au niveau opératif le *Force XXI Battle Command Brigade and Below system* (FBCB2).

Si nous nous focalisons sur les applications du niveau tactique et opératif, nous pouvons mettre en lumière le fait que l'ensemble de ces applications a pour objectif de construire une image commune de la situation : *Common Operation Picture* (COP). Décrivons brièvement six de ces 11 applications :

1. *Manœuver Control System* (MCS) : c'est l'outil de conduite des opérations, permettant de collecter, de coordonner et d'agir en temps réel sur les informations en provenance du champ de bataille. C'est cet outil qui permet de gérer l'image commune de la situation.

2. *Digital Topographic Support System* (DTSS) : c'est une application qui permet de prendre en compte les contraintes et opportunités liées au terrain.

3. *All-Source Analysis System* (ASAS) : c'est une application orientée « renseignement » qui conduit à intégrer dans l'image l'ennemi.

4. *Battle Command Sustainment Support System* (BC3S) : application dédiée au soutien logistique. Cette application est très importante car la logistique conditionne la con-

duite des opérations. Rappelons que globalement pour un combattant, il y a près de 7 personnes en charge du soutien.

5. *Integrated Meteorological System* (IMETS) : application qui permet d'intégrer à l'image de la situation les contraintes météorologiques.
6. *Force XXI Battle Command Brigade and Below* (FBCB2) : cette application vise à assurer la coordination pour les unités combattantes. Ce qui est intéressant au regard de notre problématique est ce passage décrivant cette application : « *It also provides a seamless, holistic battle command capability to leaders of all combat, combat support, and combat service support units performing missions across the operational continuum at the tactical level of war* »[14]. Une fois encore l'idée d'une compréhension de la situation semble au cœur de la conception de ces applications.

Une infrastructure de télécommunication lourde, mise en œuvre par une brigade dédiée[15], est déployée sur le théâtre des opérations pour supporter l'ensemble de ces 11 applications. Cet ensemble de moyens permet de fournir des applications suffisamment riches en termes de communication pour employer le terme de C4I. En outre, le couplage avec des moyens de surveillance et de reconnaissance (emploi massif de drones, d'acquisition radar et d'images satellites) conduit à l'appellation C4iSR.

Information et décision : des avancées théoriques

La conception de tout système technologique se fonde sur un corpus théorique, dont l'analyse permet de cerner les domaines d'applications et les limites.

L'analyse des documents décrivant le système français et le système américain met en avant au moins deux différences fondamentales concernant les concepts d'information et de décision que nous aborderons.

---

14 Source interne US Army.

15 La 11th Signal Brigade.

De l'information centrée réseau à la conscience de la situation

De notre point de vue, maîtriser l'information nécessite l'accomplissement de cinq opérations :

1. vérifier la validité des données originelles ;
2. s'assurer de la fiabilité de la source (humaine, électro-magnétique, image, ou radar) ;
3. recouper l'information (rechercher d'autres sources pour cette information) ;
4. compléter l'information ;
5. effectuer une « déconfliction »[16] des sources (arbitrage et suppression des redondances)

Toute organisation aspire à réaliser au mieux ces opérations, cependant, dans un contexte complexe et mêlant d'autres organisations, il apparaît délicat d'y parvenir. Ce constat est à l'origine du concept « d'information centrée réseau » qui postule que seul un système d'information conçu pour manipuler les informations inter-organisationnelles s'avère efficace.

C'est sur ce socle que se fonde le modèle américain. Le terme de : « réseaux de crise info-centré » (*Network Centric Warfare – NCW*) est alors employés. Les architectures informationnelles « réseaux-centrées » doivent permettre de diffuser rapidement l'information utile tout en offrant une multiplicité de sources et de points de vue dans le but d'améliorer la prise de décision.

Décrivons brièvement ce concept de NCW. Trois couches de réseaux présentées sous la forme de grilles « *Grids* » superposées peuvent être distinguées[17].

Tout d'abord, l'information est collectée *via* des réseaux de capteurs « *sensor grids* ». Ces réseaux fournissent les moyens et

16 Ce terme est couramment employé dans les services de renseignement. Il traduit le problème du traitement de plusieurs informations convergentes. Il s'agit alors de bien vérifier que ces différentes informations ne proviennent pas de la même source. Ce risque est rendu possible par le fait qu'il existe plusieurs chaînes de remontée de l'information et que bien souvent, ces chaînes sont compartimentées et donc ne communiquent pas ensemble.

17 Barbaroux, « Network Centric Warfare et modèles d'organisation : polyvalence et flexibilité », dans Délégation aux Affaires Stratégiques, 2005, pp. 39-69.

les ressources qui permettent de collecter, de traiter et de diffuser les données et les informations lors des phases d'exécution de la mission. Ensuite, l'information est traitée par des réseaux d'engagement « *engagement grids* ». Ces réseaux sont composés de nœuds qui correspondent aux unités et aux plateformes terrestres, aériennes, navales et spatiales déployées en missions. Les réseaux d'engagement exploitent les données transmises par les différents capteurs dans la perspective d'une action rapide, précise et synchronisée dans le temps et dans l'espace. Enfin, l'information est diffusée à travers un réseau d'information « *information grid* ». Les données en provenance des réseaux de capteurs sont traitées par différents nœuds du réseau d'information puis diffusées vers les réseaux d'engagement. Les nœuds des réseaux d'engagement utilisent alors l'information utile qui est définie en amont en fonction de leurs besoins propres. Un réseau d'information global émerge de la connexion des trois grilles et de la coordination de leurs ressources.

D'un point de vue théorique, l'avancée réside dans l'objectif qui est assigné à l'information : assurer une conscience de la situation valide à un moment donné. Détaillons alors ce concept de conscience de la situation (CS). Parmi les différentes approches de la CS (Pastorelli, 2007), l'armée américaine se fonde sur celle de M. Endsley (1995) qui définit la conscience d'une situation comme un processus structuré autour de trois niveaux suivants :

- niveau 1 : perception des éléments de l'environnement ;
- niveau 2 : compréhension des relations existants entre les éléments perçus au premier niveau ;
- niveau 3 : projection mentale de l'évolution des éléments et de leurs interrelations tels qu'ils ont été compris dans le niveau 2.

Un individu ayant passé de manière cohérente les trois niveaux est considéré comme ayant une lecture valide de la situation (Matheus et al., 2003). Cohérence et validité constituent des concepts fortement dépendant de l'individu et du contexte. Aussi, la question de la mesure (Endsley, 2000) se pose. Il ne s'agit pas ici de trancher ce débat, reconnaissons juste que la CS peut être variable selon le niveau atteint par l'individu et constitue donc le résultat d'un processus de construction mentale à partir des éléments du contexte dans lequel le sujet évolue et pour lequel il agit.

Dans le cadre d'équipes confrontées à des situations complexes et risquées, il devient nécessaire que cette conscience de la situation soit partagée. Selon Salmon et al. (2006), la CS partagée relève d'un degré selon lequel les membres d'une équipe ont la même interprétation des évènements qui se déroulent. Dans ce cas, la CS sera partagée si tous les individus ont le même niveau de conscience (Oxenham et al., 2006 ; Ganter, 2007).

Afin d'illustrer la mise en pratique du concept de CS, il convient de lire la manière dont la doctrine décrit comment visualiser l'espace de bataille :

> *Battlefield Visualization*[18]
> *Battlefield visualization is a three-step command process. First, the commander develops a clear understanding of the current situation with relation to the enemy and environment. Next, he envisions a desired end state. Finally, he visualizes the sequence of activity that will move his force from its current situation to the desired end state.*

Cet exemple illustre la manière avec laquelle la doctrine américaine traduit le concept de CS afin de le rendre opérationnel.

À l'instar de l'information, la théorie décisionnelle a progressé comme nous allons l'évoquer dans le point suivant.

Vers des décisions distribuées dynamiques en situation

Le Projet C4ISR a démarré début des années 1990 en s'appuyant dès le début sur les travaux du *Think Tank* MITRE[19]. Parmi les chercheurs de cette organisation, Gary Klein (et al., 1993 ; 1998 ; 2001) est à distinguer pour ses avancées notables de la compréhension des processus de prise de décision. Son approche méthodologique empruntant au naturalisme et visant à expliquer comment les décideurs agissent en situation, a conduit à mettre en lumière une nouvelle approche de la décision : la

18 fm/6-02-40/ch1.

19 http ://www.themitrecorporation.org.

prise de décision en situation[20]. Dans ce courant, l'analyse d'une décision doit intégrer le contexte dans lequel elle est prise. Le modèle décisionnel va se focaliser sur la reconnaissance, par le décideur, de la situation décisionnelle (*Recognition-Primed Decision Model*[21]), qu'il rapproche de situations précédemment vécues. La nouveauté de cette approche par rapport aux approches rationnelles est qu'elle n'étudie plus les processus cognitifs isolément des contextes dans lesquels ils s'exercent ; elle admet que les décisions ne sont pas planifiées et exécutées hors du contexte de leur situation, c'est-à-dire hors des règles dans laquelle la situation s'inscrit. Le contexte peut être défini comme l'ensemble des éléments, perçus par le décideur, qui exercent une contrainte sur la tâche gérée. Ainsi, le contexte est à la fois dépendant de la tâche et subjectif. Il peut être vu comme le savoir tacite permettant de mettre en œuvre les compétences du décideur dans une situation donnée.

Le contexte contribue aussi à comprendre le concept d'expertise. En effet, comme le rappelle H.A. Mieg (2007), l'expertise possède deux aspects. Le premier d'ordre cognitif renvoie au fait que les experts effectuent de manière automatique des tâches que les novices ont beaucoup de difficultés à mener. Le second aspect illustre que l'expertise peut être vue comme une attribution donnée à une personne par un groupe dans un contexte donné. Comme l'indiquaient Sternberg et Frensch (*On being an expert*, p. 194 dans Hoffman, 1992), une personne est experte car elle est regardée en tant que telle par les autres.

Le courant de la « décision en situation » n'envisage pas l'ensemble des processus décisionnels, mais se focalise sur un type particulier, caractérisé par :

- des objectifs mal définis et évolutifs ;
- une absence de certitudes quant aux états de la nature ;
- des logiques contradictoires et non hiérarchisées ;
- des déterminants du problème changeant continuellement ;

---

20 Le terme anglais est : « Naturalistic Decision Making » que nous traduisons par « décision en situation » (Lebraty et Pastorelli, 2004).

21 Que l'on peut traduire par modèle décisionnel fondé sur la première reconnaissance.

- un horizon temporel limité exigeant des réactions assez rapides ;
- des enjeux importants pour le décideur ou son organisation ;
- de nombreux acteurs aux objectifs contradictoires ;
- des normes et des objectifs indiqués par l'organisation ;
- un décideur ayant une expertise sur la tâche qui lui est dévolue.

Ainsi, cette approche décisionnelle est particulièrement bien adaptée aux situations de crise (Ven et Schraagen, 2007). Appliquer ce cadre conceptuel général aux décisions prises par des états-majors conduit à prendre en compte l'aspect collectif des décisions. On parle alors de décisions distribuées (Charrue-Duboc, 1995). La prise de décision distribuée diffère de la prise de décision de groupe dans lequel le problème est d'obtenir un consensus entre les membres du groupe qui sont tous capables de comprendre intégralement la situation à gérer. Dans le cas de décisions distribuées, chaque décideur dispose d'une partie du problème (Hoc & Leplat dans Rasmussen et al., 1991). Quatre éléments devront être pris en compte pour caractériser une décision distribuée (Decker, 1987) :

- la granularité, c'est-à-dire, le niveau de détail des différentes sous parties de la décision ;
- la manière avec laquelle les connaissances, en termes d'expertise, sont réparties entre les décideurs ;
- la structure du contrôle permettant de gérer la distribution de la décision ;
- les processus de communication entre les décideurs.

La prise en compte de la dynamique du contexte et des acteurs impose de fait une distribution de la décision. En effet, le domaine des opérations militaires se caractérise par des évolutions rapides, parfois imprévues, les décideurs sont ceux qui se trouvent « *au bon endroit au bon moment* ». Il peut arriver, par exemple, qu'un décideur se trouve dans l'incapacité de rejoindre son poste et pourtant, une décision doit être prise. Dans ce cas, ce sera une autre personne qui devra décider. Ainsi, la distribution de la décision sera intimement liée à la dynamique du contexte.

Dans ce cadre, le terme de Décisions Dynamiques Distribuées pourrait alors être utilisé (Cuevas et al., 2004). Étant donné que nous nous fondons sur une approche naturaliste, c'est-à-dire en situation, nous proposons les termes de **D**écisions **D**istribuées **D**ynamiques en **S**ituation (**3DS**) pour caractériser l'approche fondant le système de C4ISR américain (Lebraty et Puidupin, dans Lesca, 2007).

Le système français : un système rationnel

Le système français, quant à lui, se fonde sur une vision traditionnelle de l'information et de la décision mêlant une pensée rationnelle qui pousse à rechercher l'optimum décisionnel avec les avancées de H.A. Simon en termes de processus et de satisfaction du décideur. Le système va combiner ces deux approches (rationalité parfaite et rationalité limitée) de la manière suivante : il va être demandé aux analystes (les cadres de l'état-major) un travail d'optimisation. Ainsi, par exemple, la recherche d'information se doit d'être exhaustive et toutes les solutions se doivent d'être explorées. Le choix décisionnel opéré par le chef de l'unité sera lui de type satisfaisant, ce sera le meilleur choix à ses yeux.

Ce mode de fonctionnement demeure dans le cadre du modèle de choix rationnel (Zey, 1992) et conduit à mettre en œuvre un processus de prise de décision avec quatre grandes étapes : collecte, analyse, génération de solutions potentielles et choix. Dans ce cadre, les biais cognitifs sont traqués et corrigés et si erreur il y a, elle ne peut provenir que d'un mauvais processus décisionnel.

De manière concrète, dans le cas pratique que nous traitons, la décision du Chef de Corps revient à choisir le mode d'action le plus approprié face au mode d'action de l'ennemi le plus plausible. Pour générer ce mode d'action, une analyse fins-moyens sera mise en œuvre. L'avantage de ce modèle, comme nous avons pu le constater, est de rassurer le décideur en lui offrant une méthode formalisée et éprouvée.

Dans cette partie nous avons mis en évidence le fait que le système américain est élaboré en s'inspirant des réflexions théoriques les plus récentes, sur le rôle joué par l'information et sur le concept de décision. Le système français lui se fonde sur le modèle classique du choix rationnel.

Le tableau suivant résume les différences entre systèmes :

Tableau 1 : Différences entre systèmes

Système / *Caractéristiques décisionnelles*	*Système français*	*Système américain*
Théorie de la décision	Modèle de choix rationnel	Modèle NDM
Contexte	Peu pris en compte dans la méthode	Détermine la décision
Facteur temps	Peu pris en compte dans la méthode	Cherche à raccourcir la durée du processus décisionnel
Compétences requises	Connaissance de la méthode	Connaissance des situations
Type de décideur	Tous	Experts
Statut de l'erreur	Provient d'une mauvaise décision = Erreur décisionnelle	Provient d'une conscience de la situation altérée = Erreur de cadre

Quelles sont alors les implications de ces différences de substrats théoriques ?

De la théorie au fonctionnement opérationnel du système

Dans cette partie, nous allons premièrement évoquer comment les différences théoriques précédemment évoquées peuvent guider la conception des systèmes et modifier l'esprit de la technologie. Nous décrirons alors les implications pratiques pour chacun des deux systèmes.

Conception du système et moment de l'aide à la décision

Nous pouvons mettre en lumière une différence majeure dans la conception d'un système selon que l'on choisisse de le bâtir sur l'approche rationnelle ou sur l'approche en situation : le moment du processus où l'aide à la décision doit être appliquée.

En effet, dans l'approche rationnelle, aider un décideur conduit à lui proposer un ensemble de solutions potentielles et à lui donner des critères de pondération facilitant son choix. Il s'agit donc d'une aide au choix. En revanche, dans le cadre de la décision en situation, aider un décideur consiste à s'assurer qu'il possède une conscience pertinente de la situation qu'il a à gérer. Ainsi, dans le cadre de la décision en situation, l'aide à la décision se situe en début de processus, tandis que dans le cadre classique, l'effort d'aide s'applique en fin de processus décisionnel.

La figure ci-dessous illustre cette différence fondamentale entre ces deux grandes approches décisionnelles : le moment du processus décisionnel auquel l'aide survient.

Figure 2 : Approches théoriques et moment de l'aide à la décision

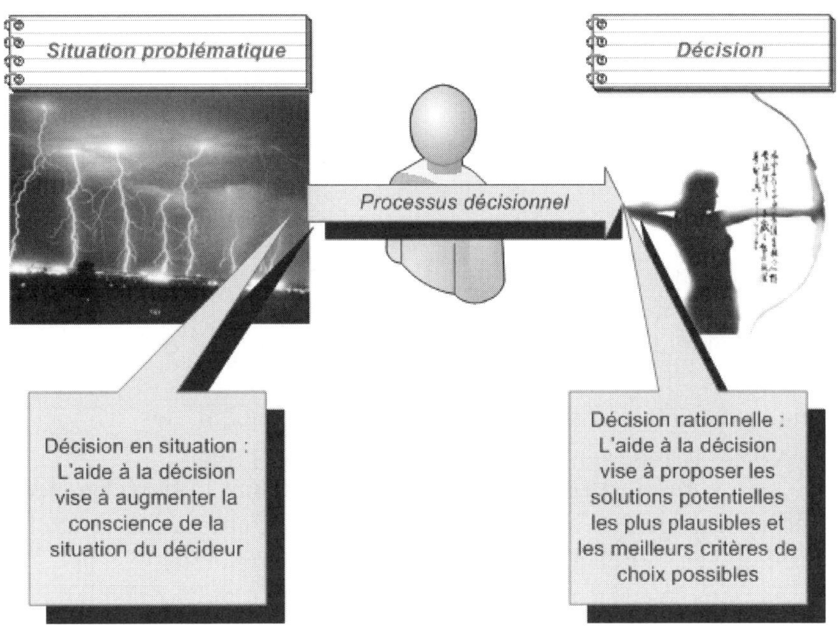

Les implications en termes de conception du système apparaissent alors très importantes. Ainsi, le système américain offre une grande richesse de fonctionnalités pour décrire la situation se déroulant. Plusieurs flux de communications peuvent être employés (carte vectorielle, image, vidéo, son, texte). Le système français lui permet de construire aisément différentes hypothèses

(MA et ME[22]) qui pourront ensuite être présentés à l'autorité de décision.

Implications pratiques

Ce point constitue la réponse à la problématique que nous posions en introduction. Comme nous allons le voir, les différences de substrat théoriques conduisent à l'existence de deux systèmes aux conditions d'emploi différentiées.

Pour évoquer les implications que peuvent avoir les fondements théoriques sur le l'utilisation pratique de ces systèmes, nous aborderons les aspects suivants :

- L'expertise requise ;
- la formation nécessaire ;
- la responsabilité d'une mauvaise décision.

Le C3I français : un système aisément généralisable

Le système français se fonde sur une procédure décisionnelle inspirée des travaux de H.A. Simon et formalisée sous la forme de la MEDO. Comme l'a montré G. Klein (1998), une procédure décisionnelle est nécessaire quand le décideur ne possède qu'une expérience faible de la situation qu'il doit gérer. Le niveau d'expertise requis apparaît donc faible. L'avantage est que cela convient au plus grand nombre, cependant, les décideurs experts peuvent se sentir contraints par ce système.

Les implications quant à la formation sont faibles. En effet, l'utilisation de ces outils ne demande pas de formation nouvelle autre que celle liée à l'emploi de l'interface logicielle.

Dans le cas d'une décision amenant de mauvais résultats, la cause de l'erreur sera à rechercher dans le suivi de la procédure. Cet attachement à la procédure peut se révéler être une implication de large portée. En effet, le comportement du décideur peut s'en trouver modifié. Ce dernier peut se trouver face à l'alternative suivant : « *suivre la procédure en estimant que cela ne convient pas* » ou « *ne pas suivre la procédure pour faire ce*

22 Mode d'action Ami / Mode d'action Ennemi.

qu'il estime convenir ». Ce type de dilemme constitue une piste de recherche particulièrement intéressante qui renvoie plus généralement à la notion d'erreur humaine (Reason, 1993).

En bref, nous estimons que le système français de numérisation constitue une évolution et non une transformation par rapport à l'existant. Aussi, c'est un système qui peut être généralisé assez facilement au plus grand nombre. Son déploiement à l'ensemble des unités françaises devrait donc pouvoir s'opérer aisément.

Le système C4ISR américain : un système affûté

Se fonder sur les concepts de conscience de la situation et de décision en situation implique :

- une expertise validée. Le décideur doit avoir vécu des situations de crise et doit les avoir analysées[23], afin de disposer d'une base des couples « situation-actions » suffisamment riche ;
- une formation spécifique. En effet, de nombreuses simulations en situation sont nécessaires pour acquérir des référents pertinents dans le cadre de futures reconnaissances de la situation ;
- la responsabilité porte sur le décideur et sur celui qui l'a mis à sa place. Certes les décisions sont plus rapides et la réactivité à l'environnement apparaît plus grande, mais les erreurs ne sont pas supprimées. Avec de tels systèmes, il convient d'admettre l'erreur humaine (Reason, 1993) avec toutes ses conséquences. Or le contexte général d'emploi des forces armées impose une contrainte forte concernant les pertes humaines. En effet, le volume des pertes est devenu un des principaux indicateurs pour l'opinion publique et, en cela, détermine bien souvent la poursuite ou l'arrêt des opérations[24].

Ainsi, le système américain apparaît comme technologiquement plus avancé que son équivalent français, mais il nécessite au

---

[23] Lors d'une 3A : Analyse Après Action.

[24] Les exemples de la somalie en 1993 et de l'Irak peuvent servir d'illustration à cette influence du volume des pertes militaires.

moins un pré-requis pour être opérationnel : il doit être d'une fiabilité totale. En effet, toute défaillance entrainera une diminution de la conscience de la situation et conduira alors à des peu adaptées. Le système américain est un outil de haute technicité destiné à être utilisé par des experts. Il apparaît, certes, plus affûté que le système français, mais aussi plus fragile.

Conclusion et propositions

Dans cet article, nous avons présenté deux systèmes de *CxI*, chacun fondé sur un substrat théorique différent : modèle de choix rationnel d'un côté et prise de décision en situation de l'autre. Les implications sont alors importantes et conduisent à différencier les conditions d'emploi de ces systèmes : système aisément généralisable aux autres forces d'un côté et système de pointe exclusif de l'autre. Il n'y a pas de jugement de valeur entre ces deux systèmes, ils apparaissent adaptés aux contextes respectifs dans lesquels ils sont employés. Cependant, une fois le système français entièrement déployé, il conviendra de penser à son évolution vers un système du type de celui mis en œuvre dans l'*US Army*.

Pour ce faire, nous proposons de mener parallèlement une action aux niveaux humain, théorique et matériel.

Décrivons alors ces trois axes de recherche et de développement. Premièrement une réflexion actuelle sur les aspects cognitifs d'un décideur militaire français nous semble essentielle. En effet, en une vingtaine d'année, le contexte et l'expérience de ces décideurs ont évolué d'un affrontement symétrique et planifiable mené par des hommes ayant une expérience d'opérations réelles limitée à un affrontement asymétrique conduit par des chefs ayant tous participé à plusieurs opérations extérieures, le cadre est largement différent. Il n'y a donc plus de « novices » parmi les décideurs et la situation s'avère très complexe. Du point de vue théorique, la question se pose de savoir si l'on peut transposer directement le modèle « intuitif » américain à la France. La prise en compte d'aspects culturels, relatifs notamment à l'attrait de la rationalité cartésienne, doit-elle conduire à proposer une variante du modèle décisionnel décrit par Gary Klein ? L'approche naturaliste stipulant qu'il convient d'observer les décideurs dans leur contexte pour en déduire leur comportement doit conduire à mener un vaste programme de recherche afin de refléter les changements mentionnés plus haut. Ce programme de recherche visera alors à proposer une évolution de la méthode de prise de décision (la MEDO). Enfin et parallèlement, du point de vue du système technique, des améliorations sont nécessaires pour fournir la richesse communicationnelle permettant de mieux comprendre les situations qui se déroulent. Le chemin vers un C4i adapté aux particularités françaises semble long et illustre clairement le fait que la mise en œuvre d'un nouveau système technologique n'est pas seulement un problème technique.

Figure 3 : Méthodologie d'amélioration du système de C3I français

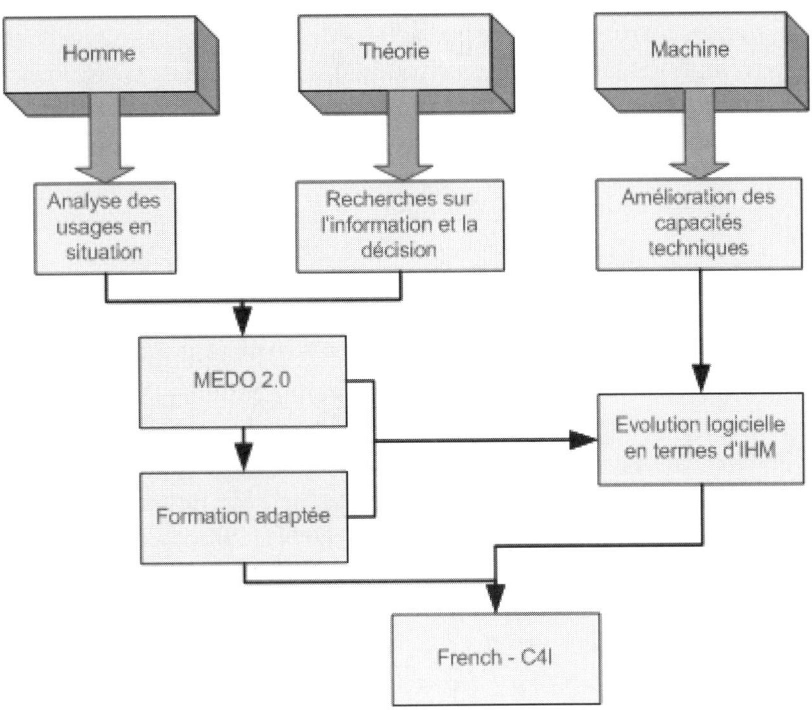

Bibliographie

- Baskerville, B.L. & M.D. Myers, « Information Systems as a Reference Discipline », *Management Information System Quaterly*, 2002, vol. 26, n° 1, pp. 1-14.

- Bryant, D.D., « Rethinking OODA : Toward a Modern Cognitive Framework of Command Decision Making », *Military Psychology*, 2006, vol. 13, n° 3, pp. 183-206.
- Charrue-Duboc, F., *Des savoirs en action*, 1995, L'Harmattan.
- Cuevas, H.M. & S.M. Fiore & C.A. Bowers & E. Salas, « Fostering constructive cognitive and metacognitive activity in computer-based complex task training environments », *Computers in Human Behavior*, 2004, vol. 20, n° 2, pp. 225-241.
- Daft, R. L. & R.M. Lengel, « Organization information requirements, media richness and structural design », *Management Science*, 1986, vol. 32, n° 5, pp. 554-571.
- Decker, K.S., « Distributed problem-solving techniques : A survey », *IEEE Transactions on systems, Man and Cybernetics*, SMC-17, 1987, pp. 729-740.
- Délégation aux Affaires Stratégiques, SD-DTP, *Gestion des connaissances et organisations de Défense : une réflexion autour du Network Centric Warfare*, ministère de la Défense, 2005.
- Endsley, M.R. & D.J. Garland, *Situation Awareness Analysis and Measurement*, Lawrence Erlbaum Associates, 2000.
- Endsley, M.R., « Toward a theory of situation awareness », *Human Factor*, 1995, vol. 37, n° 1, pp. 32-64.
- Ganter, J.H., « Naturally Aligned : A Psycholinguistic Study of Shared Situation Awareness Among Military Sensor Operations Teams », *Proceedings of the 8th International Conference on Naturalistic Decision Making*, 2007, pp. 116-120.
- Hoffman, F.G., « Complex Irregular Warfare : The Next Revolution in Military Affairs », *Orbis*, 2006, vol. 50, n° 3, pp. 395-411.
- Hoffman, R.R., *The Psychology of expertise : Cognitive research and empirica AI*, Springer, 1992.
- Klein, G., *Sources of Power How People Make Decisions*, MIT Press, 1998.
- Klein, G., « Understanding & Supporting Decision Making : An interview with Gary Klein », *Information Knowledge Systems Management*, 2001, vol. 2, n° 4, pp. 291-296.
- Klein, G.A. & Orasanu, J. & Calderwood, R. & Zsambok, C.E., *Decision Making in Action*, 1993, Ablex Publishing Company.

- Lebraty, J.F. & I. Pastorelli-Nègre, « Biais cognitifs : quel statut dans la prise de décision assitée ? », *Systèmes d'Information et Management*, 2004, vol. 9, n° 3, pp. 87-116.
- Lebraty, J.F., « Comprendre le concept d'information pour mieux appréhender les Technologies de l'Information et de la Communication », Actes du colloque, *La communication d'entreprise – CRIC*, 2001, pp. 84-102.
- Lesca, N., *Management, systèmes d'information et connaissances tacites*, Hermes Lavoisier, 2007.
- Matheus, C.J. & M.M. Kokar & K. Baclawski, « A Core Ontology for Situation Awareness », *Proceedings of the Sixth International Conference on Information Fusion*, 2003, pp. 545-552.
- Mieg, H.A., « Experts in Context : Understanding the Effects of Outsourcing Expertise », *Proceedings of the 8th International Conference on Naturalistic Decision Making*, 2007, pp. 192-19.
- Osinga, F., *Science, Strategy and War : The Strategic Theory of John Boyd (Strategy and History Series)*, Colin Gray and Williamson Murray, 2006.
- Oxenham, M. & S. Challa & M. Morelande, « Fusion of disparate identity estimates for shared situation awareness in a network-centric environmen », *Information Fusion*, 2006, vol. 7, n° 4, pp. 395-417.
- Paparone, C.R., « US Army Decisionmaking : Past, present and future », *Military Review*, 2001, vol. 81, n° 4, pp. 44-53.
- Pastorelli, I., « Système d'aide à la décision et activités managériales : quel type d'assistance ? », *Colloque ORIANE*, Actes, Bayonne, 2006.
- Rasmussen, J. & B. Brehmer & J. Leplat, *Distributed Decision Making : Cognitive Models for Cooperative Work*, John Wiley & Sons Inc, 1991.
- Reason, J., *L'Erreur Humaine*, Presses Universitaires de France, 1993, 2e ed.
- Salmon, P. & N. Stanton & G. Walker & D. Green, « Situation awareness measurement : A review of applicability for C4i environment », *Applied Ergonomics*, 2006, vol. 37, n° 2, pp. 225-238.
- Thibodeaux, M. & R. Kaplan & A. Smith & J.K. Clema, « A Framework for Understanding the IO :C4ISR Relationship, », *Colloque Command and Control Research Program*, papers/ 062, 2006, pp. 1-30.

- Van de Ven, J.G. & J.M. Schraagen, « Requirments for critical-thinking support in crisis response », *Proceedings of the 8th International Conference on Naturalistic Decision Making*, 2007, pp. 277-284.
- Yeoh, L.W. & M.W. Kee & L.S. Chuan, « Application of Cognitive Science to designing Command and Control Systems », *Proceedings of the 8th International Conference on Naturalistic Decision Making*, 2007, pp. 310-315.
- Zey, M., *Decision Making – Alternatives to Rational Choice Models*, Sage Publications, 1992.

Souveraineté et information

Hervé BURDIN

La souveraineté a longtemps été du domaine des sciences politiques, son concept a été introduit dans les Facultés de Droit par le biais des cours de Droit constitutionnel et de Droit administratif, puis la dimension internationale apparut avec les cours de relations internationales à la fin des années soixante.

Cette conception de la souveraineté liée à l'État Nation a été parfaitement illustrée par Philippe Bretton. Dans son ouvrage *Relations internationales contemporaines*[1] il décrit la notion de souveraineté. Les titres des chapitres sont éloquents : « l'incontestable revalorisation de la souveraineté, la remarquable expansion de la souveraineté ». Il décrit aussi les limitations de cette souveraineté, dont les causes sont les traités et la participation à des organismes internationaux. Cet ouvrage très complet constitue le sommet d'une conception de la souveraineté et de sa « réalité » pratique.

La raison de la méconnaissance de la souveraineté de l'entreprise dans l'analyse économique classique peut être due à la situation politique au moment de l'élaboration de la théorie économique. En effet, du XVIIIe siècle au milieu du XXe siècle, les États Nations sont en pleine montée en puissance, et c'est la représentation du « prince » qui est la détentrice de la souverai-

---

1 Philippe Bretton, *Relations internationales contemporaines*, Litec, Paris, 1993, pp. 80-141.

neté. Ce serait donc le déclin de ces États Nations qui, aujourd'hui, nous ferait poser la question.

Quinze ans après l'ouvrage de Philippe Bretton, qu'en est-il ?

Depuis la fin de la seconde guerre mondiale, avec l'apparition des multinationales, plus encore depuis la chute de l'Union Soviétique avec le processus de mondialisation, l'étude de la souveraineté s'est élargie à d'autres domaines que celui du prince. De même, la place de l'information comme attribut de souveraineté s'est modifiée.

Dans cet article, nous nous poserons trois questions en faisant référence essentiellement à une démarche concernant l'entreprise :

- comment la souveraineté peut-elle se nourrir de l'information ?
- comment pour se perpétuer la souveraineté doit-elle fournir de l'information ?
- comment la souveraineté qui se définit comme l'autorité suprême, peut-elle être limitée dans son essence et comment dans ce cas l'information est-elle le moyen pour la souveraineté de définir ses champs d'application ?

Commençons par les fondements. Il s'agit ici de regarder ce que la souveraineté et l'information entretiennent comme relations. Nous jetterons pour cela un regard sur les définitions produites par l'Académie Française au travers de son dictionnaire. L'Académie en est à la neuvième édition de son dictionnaire[2], celle-ci n'étant pas achevée. Nos académiciens, à ce jour, en sont à la lettre P (fascicule n° 28 publié au *Journal officiel*, le 21 mars 2007 reprenant les mots de patté à périodiquement). Il n'est donc pas possible de voir quelle est son approche nouvelle de la souveraineté.[3]

---

2 http://www.academie-francaise.fr/dictionnaire/index.html.

3 8e édition (1932-1935) **SOUVERAINETÉ.** n. f. Autorité suprême. Souveraineté héréditaire. Souveraineté élective. Souveraineté passagère. Souveraineté populaire. Souveraineté nationale. Les droits de la souveraineté. Aspirer à la souveraineté. Usurper la souveraineté. La souveraineté du peuple. Fig., La souveraineté de la raison, L'autorité suprême que la raison devrait exercer sur

Nous nous limiterons donc à la définition de 1932, qui est celle de l'autorité suprême, avec une idée ontologique, la qualité.

Nous comparerons, pour mesurer l'évolution du concept d'information, les définitions du dictionnaire de la huitième édition (1932-1935)[4] et celles actuelles[5], publiées au Journal Officiel du 27 juin 1998.

---

nos actions. **SOUVERAINETÉ** désigne aussi la Qualité et l'autorité d'un prince. On lui dispute la souveraineté. Il possède ces terres en souveraineté, en pleine souveraineté. En termes de Droit international, il désigne le Droit absolu qu'a tout peuple indépendant de régler ses propres affaires sans en devoir aucun compte à quelque autre peuple que ce soit.

4 **INFORMATION.** n. f. Recherches que l'on fait pour s'assurer de la vérité d'une chose, pour connaître la conduite, les mœurs d'une personne, etc. Il s'emploie généralement au pluriel. *Aller aux informations. Prendre des informations. Quand il fallut en venir aux informations. Les informations que j'ai prises sur sa conduite ne sont pas fort satisfaisantes. Service des informations dans un journal.* Il signifie spécialement, en termes de Jurisprudence, Enquête faite, en matière criminelle, par les officiers de police, à l'occasion d'un crime, d'un délit. Il se dit aussi de l'Ensemble de la procédure faite par le juge d'instruction. *Faire une information, des informations. Procéder à une information. Informations secrètes. Dans les informations, toutes les ratures et surcharges doivent être approuvées. Information de commodo et incommodo,* Enquête administrative qui se fait pour connaître les avantages et les inconvénients de quelque mesure projetée, d'un établissement, etc.

5 9e édition (en cours) **INFORMATION** n. f. XIIIe siècle, au sens de « enquête faite en matière criminelle ». Dérivé d'*informer.* **1.** Action d'informer ou de s'informer. *Mission d'information. Voyage d'information. Réunion d'information. Un service d'information. Une note distribuée pour information. Je vous signale ce fait pour votre information.* Par méton. Renseignement qu'on donne ou qu'on obtient. *La recherche de l'information. Une information de source autorisée. Une information digne de foi. Communiquer une information. Avoir la primeur d'une information. C'est de lui que je tiens cette information.* Souvent au pluriel. *Des informations confidentielles. Aller aux informations, recueillir des informations. Prendre des informations sur quelqu'un. Manquer d'informations. Vérifier ses informations.* Au singulier, dans un sens collectif. Ensemble de données, de connaissances réunies sur un sujet. *Il s'est lancé dans cette entreprise avec une information insuffisante. Ces travaux témoignent d'une information très étendue.*
DROIT. Enquête menée par le juge d'instruction ou par des officiers de police judiciaire en vue d'établir la preuve d'une infraction et d'en découvrir les auteurs. *Information judiciaire. Procéder à une information. Demander un supplément d'information. Ouvrir, clore une information. Information contre X.* ☆**2.** Spécialt. Action de porter des nouvelles à la connaissance du public, de faire part des évènements, des faits marquants de l'actualité. *Un grand quotidien d'information. Liberté d'information. Les métiers de l'information.*

Cette comparaison montre à la fois l'extension du périmètre de l'objet et la modification conceptuelle qui lui est apportée. Une simple mesure quantitative illustre l'augmentation du périmètre, avec une police identique, la définition de 1932 comporte 11 lignes, la définition actuelle en compte 30.

Le concept a lui aussi changé. En 1932, deux noms définissaient l'information : recherches et vérité. Cette approche était fortement marquée par une dimension juridique très présente dans la définition, sur les onze lignes, huit ont trait aux aspects judiciaires. De plus, la relation se faisait de l'acteur vers l'objet. Il en est tout autrement dans la définition actuelle.

Celle-ci éclate en trois articles au lieu d'un seul décliné, et si l'idée de recherche existe encore en filigrane, le mot vérité a complètement disparu. Le premier article renvoie au verbe, nous y reviendrons, le second article concerne l'information approchée sous l'angle des médias, le troisième article concerne les sciences. Celui-ci se décline en sciences de l'informatique, avec une insertion sur les sciences de l'information qui ne concerne que les aspects techniques, et une seconde déclinaison qui concerne la biologie.

Le renvoi au verbe montre la double relation entre le sujet et l'objet, le sujet s'informe et informe. Cette relation réflexive est mentionnée deux fois, la première comme action, la seconde dans le sens de renseignement. Enfin, l'ancienne approche de recherche est évoqué, mais le but est différent, il ne s'agit plus de

---

Les techniques, les moyens d'information. Par méton. Fait ou évènement dont font état une agence ou un organe de presse, la radio, la télévision. *Informations générales, politiques, économiques, sportives. Une information de dernière heure. Bulletin d'information. Le directeur de l'information.* Par ext. Au pluriel. *Informations radiodiffusées, télévisées* ou, simplement, *informations,* émission de radio ou de télévision donnant les nouvelles du jour. ☆**3.** INFORM. Élément de connaissance traduit par un ensemble de signaux selon un code déterminé, en vue d'être conservé, traité ou communiqué. *Traitement de l'information,* emploi d'ordinateurs en vue d'effectuer des opérations logiques et mathématiques complexes à des fins scientifiques, administratives, etc. *Sciences de l'information,* disciplines concernant l'utilisation de ces techniques dans divers domaines professionnels. Par anal. BIOL. *Information génétique,* ensemble des messages qui sont portés par les gènes et fournissent à un organisme vivant les règles de sa structure, de son développement et de son action. *Les molécules d'acide désoxyribonucléique constituent le support de l'information génétique.*

vérité, mais de réunir des connaissances ou des données sur un sujet. Le principe absolu s'efface devant un état relatif.

L'étude du mot informer selon la même démarche de comparaison, montre elle aussi le changement. La définition de 1932[6] est essentiellement centrée sur les aspects juridiques. La définition actuelle[7] commence par un retour sur l'étymologie qui est loin d'être neutre, car la traduction du latin est faite avec les verbes « façonner, former, représenter, décrire » qui sont des verbes mettant en cause l'acteur dans la représentation cognitive,

---

6 8e édition **INFORMER.** v. tr. Instruire de quelque chose. *Informer les juges de la vérité du fait. Informez-moi régulièrement de tout ce que vous aurez appris. À cet égard, je suis bien informé. Quand vous serez mieux informé. Vous êtes mal informé. Il fut informé que sa demande était accueillie.* **S'INFORMER DE** signifie S'enquérir d'une chose. *S'informer de l'exactitude du fait. Je m'en suis informé auprès de tous ceux que je connaissais. Je ne m'informe point de ce qu'il peut être. S'informer de la santé de quelqu'un.* **INFORMER** s'emploie intransitivement, en termes de Jurisprudence criminelle, et signifie Faire une information. *Informer contre quelqu'un. Informez sur un fait. La justice informe.* Dans ce sens, on dit mieux maintenant INSTRUIRE. Dans cette acception, le participe passé *Informé* s'emploie comme nom dans l'expression *Un plus ample informé,* Une nouvelle et plus ample instruction de l'affaire, l'audition de nouveaux témoins, la production ou la recherche de pièces, de documents nouveaux. *Conclure à un plus ample informé.* On dit figurément *Jusqu'à plus ample informé,* Jusqu'à ce que l'on se voie plus amplement renseigné.

7 9e édition **INFORMÉ** n. m. XIVe siècle. Participe passé d'*informer.* DROIT. Au sens d'*Information judiciaire,* dans la locution *Plus ample informé,* voir ***Ample***. Par ext. *Jusqu'à plus ample informé,* en attendant d'en savoir plus.

INFORMER v. tr. XIIe siècle, *enformer,* « donner une forme à ». Emprunté du latin *informare,* « façonner, former ; représenter, décrire ».

1. PHIL. Dans la philosophie d'Aristote et de ses disciples. Donner une forme déterminée à la matière, en la faisant passer de la puissance à l'acte. *L'âme informe le corps.* ☆**2.** Mettre au courant, instruire d'un fait, donner connaissance d'une nouvelle. *Informez-moi régulièrement de ce que vous aurez appris. On m'en a informé hier. Il fut informé que sa demande était acceptée.* Absolt. *Le rôle des journalistes est d'informer.* Au participe passé, adjt. *Tenez-moi informé des développements de cette affaire. Vous êtes mal informé. Les milieux bien informés. De source bien informée.* Pron. *S'informer,* s'enquérir, se renseigner. *S'informer d'un prix, d'un horaire. S'informer de l'exactitude d'un fait,* ou *si un fait est exact. Je m'en suis informé auprès d'un spécialiste. S'informer de la santé de quelqu'un.* Absolt. *Chercher à s'informer.* ☆**3.** Intranst. DROIT. Mener une information, conduire une instruction en matière pénale. *Le juge d'instruction est tenu d'informer. Informer contre X. Informer sur un crime*

et enlève ainsi toute neutralité. La définition se décline en trois articles, le premier relatif à la philosophie aristotélicienne, le second à la collecte ou à la diffusion, et le troisième au Droit.

En conclusion, sur la base de cette analyse nous constatons que le périmètre du concept d'information s'est élargi, que son processus se décline dans les deux sens, celui d'émetteur et de récepteur.

L'information comme attribut de la souveraineté

Dans un document interne de la DCSSI du 28 juin 2004, la direction déclare : « *l'autonomie en communication et traitement de l'information est un attribut de souveraineté* ». Si l'idée est exacte, elle est aussi limitée, c'est l'ensemble du processus de l'information qui est un attribut de souveraineté.

La souveraineté se nourrit de l'information, mais dans la totalité de son processus. Ainsi, la souveraineté nécessite pour s'exercer, en matière d'informations, trois capacités qui s'exécutent simultanément :

- la capacité de collecter et de traiter de l'information pertinente ;
- la capacité de diffuser efficacement l'information, de la mémoriser aussi de manière efficace,
- la capacité de sécuriser son système d'information, cette sécurité s'exerçant d'une part dans la protection de l'information en garantissant son intégrité tout au long du processus, et d'autre part dans la protection des vecteurs supports de l'information soit en stockage (mémoire), soit en systèmes de transmission.

Le souverain doit au préalable être capable d'orienter les systèmes de collecte en fonction de ses besoins ou des risques identifiés. Il doit être maître des outils de collecte et de traitement.

Le schéma ci-dessous illustre une représentation d'un système d'information, reposant sur les bases de données.

Il débute par le niveau alimentation qui est lui-même un ensemble de bases de données.

Le système ERP/PGI (Entreprise Ressources Panning/Progiciel de Gestion Intégré) regroupe des modules spécialisés (commerce, finances...) de gestion permettant la gestion et le suivi en temps réel des informations dans l'entreprise. Il peut lui être préféré des ensembles logiciels développés en interne dans l'entreprise. Mais deux aspects rendent le développement des progiciels incontournables : la mémoire de la programmation et la dépendance par rapport à l'informaticien « maison », ainsi que la création de communautés d'utilisateurs qui améliorent le système et permettent de résoudre rapidement des problèmes techniques. Déjà, à ce niveau nombre d'entreprises renoncent à la souveraineté de leur système d'information au profit de systèmes standardisés moins chers et moins risqués en fonctionnement. L'ensemble des logiciels et progiciels utilisés dans l'entreprise constitue l'alimentation interne du *data warehouse*.

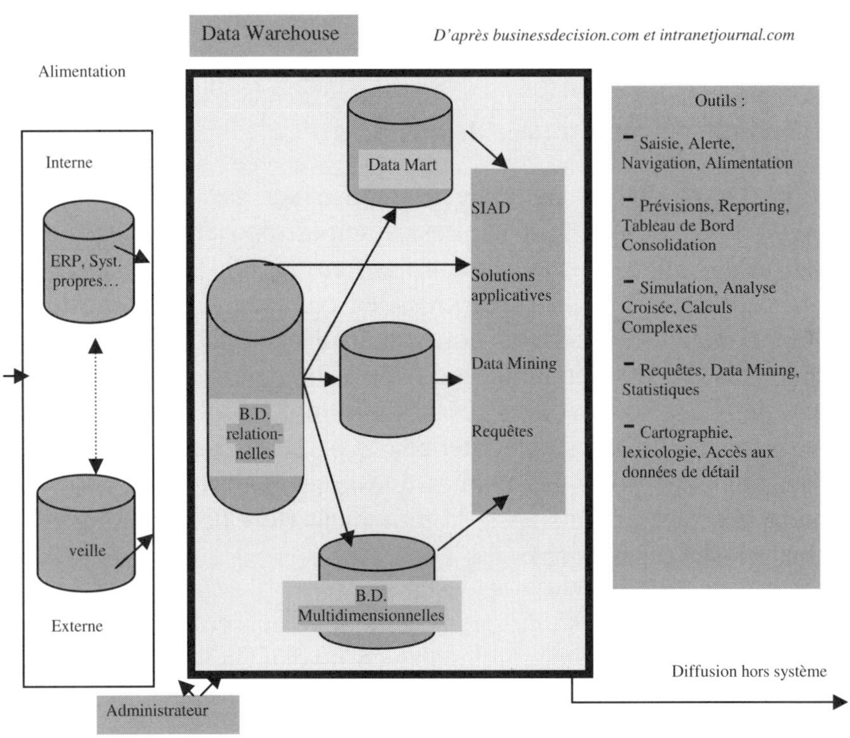

L'alimentation externe est constituée par le regroupement de l'ensemble des fichiers, constitués ou non en Base, qui collecte des informations sur l'environnement de l'entreprise. Il prend ici le nom de veille, que celle-ci soit technologique, commerciale, concurrentielle, normative.

Ces deux types de fichiers ou de bases alimentent le *data warehouse*. Le *data warehouse*, centralise cet ensemble en le rendant relationnel. Ainsi, les bases peuvent échanger des informations entre elles. Ce mécanisme peut déjà exister de manière limitée, dans le processus de collecte. Ainsi, une information externe peut être nécessaire, à la formulation d'une information interne. (ex : prix moyen d'un produit sur un marché pour déterminer un prix de vente, un coût…).

À partir du *data warehouse* on peut définir des *data marts* qui sont des bases de données spécialisées, constituées à partir de données « piochées » dans les différentes bases de données relationnelles. Enfin, on en tire des applications, soit directement à partir des bases de données relationnelles, soit à partir des *data marts*. Pour réaliser ces applications de nombreux outils logiciels extrêmement performants ont été créés.

1. La collecte, une source de menaces

Le processus de collecte repose sur des principes, des méthodes et des techniques. Les principes reposent sur l'identification des compétences à mettre en œuvre. On peut classer ces compétences en trois catégories, les compétences scientifiques qui permettent de pouvoir comprendre l'information (lui donner sa forme au sens étymologique), les compétences linguistiques qui permettent d'avoir accès à l'ensemble de la connaissance humaine, et enfin les compétences de perception et d'analyse qui permettent de poser les bonnes questions et d'orienter correctement la collecte, mais aussi le traitement (le « de quoi s'agit-il » cher au Maréchal Foch).

Les principes et les méthodes de collecte ont été « dévorés » par les techniques. À ce niveau, la souveraineté est limitée par plusieurs aspects :

- les règles qui régissent la collecte de l'information pour le système :
  - ❖ la capacité à saisir (connaissances, maîtrise technique des outils utilisés) et les normes de saisie (dégradation possible de l'information du fait des normes utilisées, codages, formatage…),
  - ❖ la compatibilité des systèmes (capacité à communiquer),

- ❖ l'intégrité de l'information saisie (réalité de ce que décrit l'information, qualité des sources...).

- la qualité (et la quantité) des moyens utilisés pour la collecte et leur adéquation aux besoins. Il en est ainsi du Transall Gabriel qui fut déployé dans les Balkans, ou des programmes de satellites. Il en est de même pour l'entreprise. Si on prend les projets d'incubateurs, quels sont les moyens dont disposent les futurs chefs d'entreprises pour se représenter leur futur ?

Comme l'indique Philippe Paquet : « *ce qui semble bien faire défaut aujourd'hui, ce n'est pas tant la technologie, qu'une analyse fine des besoins, conduisant à une structuration, une hiérarchisation et un suivi régulier de l'information* »[8].

2. Collecte et traitement, vers une fusion des processus

La technologie évoluant rapidement, il existe des logiciels qui assurent les fonctions de collecte et de traitement, deux écoles opérationnelles s'opposent. Les duplicateurs qui préfèrent des systèmes distincts compatibles et les intégrateurs qui préfèrent un seul système (tel le logiciel SPRINT de Thales qui est actuellement testé dans un pôle de compétitivité). Les traitements se fondent sur l'analyse lexicologique, et permettent outre des fonctions portant sur le texte comme le résumé, des cartographies permettant de lier mots, concepts voire objets entre eux. Les rapprochements se font automatiquement et permettent d'isoler immédiatement des fréquences ou des comportements similaires. Des logiciels comme ceux de la société I2 ont des applications utiles pour les services de police.

Le risque majeur face à ce développement technologique est celui-là même de la perte de souveraineté, l'organisation doit pouvoir garder la capacité de maîtriser son outil, de pouvoir tracer le parcours de la donnée à l'information. À une plus petite échelle que celle évoquée précédemment, alors que l'usine Schlumberger d'Orléans réalisait les cartes à puces, c'était avant GEMALTO, les contrôleurs de gestion de l'entreprise utilisaient un PGI adapté. Selon le vieil adage selon lequel « *la confiance*

---

8 P. Paquet, *De l'information à la connaissance*, Cahiers de recherche du LOG, n° 2006-01, p. 9.

n'exclut pas le contrôle », ils testaient régulièrement le système en y introduisant une donnée dont on connaissait parfaitement l'évolution et les effets et ils regardaient son résultat. Il s'agit donc bien d'un risque majeur pouvant mettre en cause la souveraineté. La question se pose donc de savoir pourquoi ce risque est pris ?

3. Un choix impératif pour maintenir la souveraineté

Plusieurs éléments peuvent expliquer cette prise de risque et la rendre acceptable :

- des millions d'informations sont disponibles en permanence. Paradoxalement pour discerner des éléments pertinents dans cette masse, il faut mettre en place des systèmes de filtrage qui permettront à l'entreprise de maîtriser les flux d'informations et d'identifier les informations utiles pour l'action. Sans cette fonction, aujourd'hui l'entreprise est aveugle ou aveuglée.
- l'offre est surabondante, ce qui détermine là encore une nécessité. L'entreprise doit pouvoir identifier des besoins de plus en plus individualisés pour se démarquer de l'offre des concurrents et sortir du simple rapport de guerre de prix/volume. L'information va jouer un rôle majeur dans le processus.

Si le besoin est évalué de manière précise chez le client, il s'agit pour l'entreprise de répondre avec un produit le plus adapté possible à ce client. Les entreprises réalisant des marges sont donc des assembleurs qui sont capables d'identifier ce besoin et de le réaliser en combinant des éléments standards à faibles coûts. Mais, la combinaison spécifique de ces éléments crée un produit à forte valeur ajoutée.

C'est la gestion de l'information qui permet d'une part d'identifier ce besoin, et d'autre part de trouver les fournisseurs capables de fournir les éléments standardisés composant le produit fini. L'assembleur capable de combiner le plus grand nombre possible d'éléments correspondant au plus grand nombre possible de besoins propres sera le plus performant. Il s'agit ici aussi de traiter des masses d'informations, de les trier, de les comparer et d'en tirer les choix politiques.

- Dans le même ordre d'idées, la bataille pour la réduction des coûts en vue d'accroître la compétitivité est permanente. Des méthodes comme le Benchmark Cost permettent de déterminer le niveau des coûts par comparaison avec ses concurrents, ou avec un process équivalent.
- Le phénomène de mode, même s'il est secondaire, joue un rôle. Il existe la mode de la dernière *Playstation*, de même il existe une mode de la dernière version de logiciel.
- Le dernier élément joue un rôle particulier. Il s'agit de la relation entre souveraineté, information et pouvoir. Plusieurs sociologues ont étudié la relation entre pouvoir et information.

Dans son ouvrage *La sociologie des organisations*[9], Philippe Bernoux mentionne les sources du pouvoir. Pour l'auteur, citant Crozier et Friedberg, le pouvoir provient :

- de la compétence, il s'agit de l'expert possédant « un statut stable dans l'entreprise »
- de la maîtrise des relations avec l'environnement. Il s'agit ici pour l'acteur de se situer à l'intersection de plusieurs réseaux. L'acteur bénéficiera ainsi des apports d'informations de plusieurs sources, et maîtrisera d'autant mieux les décisions à prendre.
- de la communication. Il s'agit de la capacité d'échange d'informations entre les acteurs en fonction de leurs objectifs et de ceux qu'ils prêtent à leurs correspondants. Cela détermine l'intensité et la qualité de leur communication.
- enfin, la dernière source est la connaissance et la maîtrise des règles organisationnelles qui régissent l'entreprise.

Le pouvoir est donc « *la capacité à faire agir un autre acteur* » (Bernoux), il peut s'exercer par la contrainte

---

9 P. Bernoux, *La Sociologie des organisations*, Seuil, collection Points, 1990.

(application de règles) ou par l'influence. Mais comme nous le verrons infra, la souveraineté s'en distingue. La souveraineté repose sur l'autorité.

Quel rôle le pouvoir joue t il dans ce mécanisme ? Il est un des moyens de maintenir la souveraineté, et comme nous l'avons vu l'information étant présente dans les quatre sources du pouvoir, elle est essentielle au maintien de la souveraineté.

Les deux dernières phases du processus d'information concernent la diffusion et la protection de ces informations.

4. La protection et le cas de la désinformation

La protection de l'information constitue la dernière phase. La particularité de la protection est qu'elle doit être mise en place dès la conception du système.

Elle est préalable à la collecte. Lors de l'identification des sources une analyse doit être faite sur leur fiabilité, leur qualité, de plus la prudence doit guider l'interrogation de ces sources (nature des questions posées, dissimulation des axes de recherche…). Il s'agit de préserver à la fois la souveraineté et l'information.

Cette protection s'exerce sur la matière elle-même en vue de préserver son intégrité, elle s'exerce aussi sur les lieux de stockage, pour préserver toujours son intégrité (modification, pénétration en vue de copie, ajout d'informations), mais aussi de tout accident (incendie, eaux...). Enfin, elle s'exerce sur les moyens de communications, toujours avec les mêmes buts, protéger l'intégrité, protéger contre l'intrusion et assurer la permanence du moyen de communication. La remise en cause de cet ensemble porte atteinte à la souveraineté, car elle empêche soit une prise de décision correcte, soit la maîtrise des opérations.

Un cas particulier doit être évoqué ici, celui de la désinformation. Angleton, ancien membre de la CIA, définissait en 1989 la désinformation comme « l'image en miroir du renseignement »[10]. Outre son côté imagé, cette définition présente bien le problème. Il s'agit donc, comme le précisait en 1986 Youri

---

10 Cité par E.J. Epstein, *Intox CIA-KGB la guerre des mots*, Stock, 1989, p. 102.

Bezmenov, qui a appartenu au KGB, de changer chez la cible la perception de la réalité[11].

Selon Pichot Duclos[12], le renseignement est une information qui est nécessaire pour l'action. Ainsi, la désinformation est une information qui pervertit l'action. L'acteur n'est plus souverain, car le biais introduit par le désinformateur le conduit à prendre des décisions erronées soit par rapport à son intérêt, soit au profit du manipulateur.

La défense contre la désinformation ne relève que très peu des technologies, les protections techniques ne servent pas à grand-chose, car c'est le système lui-même qui collecte. Le contrôle des sources n'est pas non plus absolument fiable, car les canaux de désinformation sont les sources d'information de la cible[13].

B. La souveraineté s'exerce et se légitime par la diffusion de l'information

L'autorité est nécessaire à la souveraineté. Ce qui caractérise cette dernière, c'est qu'elle ne peut exister qu'à travers l'acceptation d'autrui, c'est à travers la reconnaissance de l'autre que l'autorité existe. Il existe donc un mécanisme de soumission. Ce mécanisme de soumission est généralement présenté comme

---

11 http://absoluteright.wordpress.com/2006/09/26/texte-de-linterview-de-yuri-bezmenov/

12 J. Pichot-Duclos, *Les Guerres secrètes de la mondialisation*, Lavauzelle, 2002.

13 « Sun Tse » Livre XIII (.ifrance.com/artdelaguerreselonsuntzu/) Le grand secret de venir à bout de tout consiste dans l'art de savoir mettre la division à propos; division *dans les villes et les villages*, division *extérieure*, division *entre les inférieurs et les supérieurs*, division *de mort*, division *de vie*.
La *division de mort* est celle par laquelle, après avoir fait donner de faux avis sur l'état où nous nous trouvons, nous faisons courir des bruits tendancieux, lesquels nous faisons passer jusqu'à la cour de son souverain, qui, les croyant vrais, se conduit en conséquence envers ses généraux et tous les officiers qui sont actuellement à son service…
Vous aurez vos espions partout : vous devez supposer que l'ennemi aura aussi les siens. Si vous venez à les découvrir, gardez-vous bien de les faire mettre à mort ; leurs jours doivent vous être infiniment précieux. Les espions des ennemis vous serviront efficacement, si vous mesurez tellement vos démarches, vos paroles et toutes vos actions, qu'ils ne puissent jamais donner que de faux avis à ceux qui les ont envoyés.

ayant deux sources. La soumission peut être issue d'un phénomène de charisme, entraînant les autres derrière soi, ce qui est l'imagerie classique de la culture occidentale (depuis Alexandre au Granique, ou Bonaparte au pont d'Arcole). C'est l'autorité par le Leadership.

La seconde manière est de s'adapter aux valeurs du groupe dont on cherche à détenir l'autorité. Tel le général Grant à la bataille de Vicksburg, qui promit la défaite à ses troupes alors qu'elles voulaient attaquer, se défit de son commandement avant la bataille pour le confier à un de ses officiers agressif, puis après la défaite accueilli, ses troupes au camp en leur rappelant ce qu'il leur avait promis, ce qui lui permi de rester « populaire » et de reprendre son commandement[14]. C'est l'autorité adaptative.

L'autorité doit donc être entretenue, et nombre de leaders charismatiques versèrent des larmes sur leur autorité perdue (Alexandre sur l'Indus, César à Pharsale).

L'essence de l'autorité peut être aussi plus complexe. Dans la première partie de son article « Political Authority in a mediated age »[15], Susan Herbst de la Temple University, commente la typologie de Raymond Geuss[16]. La typologie se compose de cinq formes d'autorités qui peuvent se combiner entre elles.

- La première forme d'autorité est l'autorité épistémique qui provient de l'expertise, l'exemple cité est Milton Friedman comme une autorité en économie.
- Le deuxième type est l'autorité naturelle, elle est liée au leadership. Elle est fréquente dans les cas de situation de danger, car ceux qui la possèdent sont perçus comme étant capables de coordonner les efforts et d'éviter le désastre.
- Le troisième type est celui de l'autorité de fait. Cette autorité *de facto* est obtenue par la menace de l'emploi de la force. Au contraire des autres types, c'est un comportement de soumission obtenue par la crainte.

---

14 J. Keegan, *L'Art du commandement,* Perrin, 2010, nlle éd.

15 S. Herbst, « Political Authority in a mediated age », *Theory and Society* 32, pp. 481-503, Kluwer Academic Publishers, 2003.

16 Raymond Geuss, *History and Illusion in Politics*, Cambridge University Press, 2001.

- Le quatrième type d'autorité est celui de l'autorité de droit. Son intérêt est de ne pas être lié à la personne, mais à la fonction qu'elle occupe dans l'organisation, cette fonction étant perçue comme légitime.
- Le dernier type d'autorité est celui de l'autorité morale. Ce type d'autorité est à l'opposé de celui de l'autorité de fait, il résulte de la soumission totalement volontaire et non craintive. La personne obéit parce qu'elle le doit.

Ces types d'autorité peuvent être combinés, ainsi le fils ou la fille du grand patron reprenant le flambeau peut posséder une autorité de droit, une autorité épistémique par ses compétences dans certaines activités, et une autorité naturelle. L'exemple de la dynastie capétienne peut aussi illustrer la typologie de Geuss. La monarchie capétienne fut une monarchie militaire. Le fondateur fut élu par les grands du royaume comme successeur au trône des Carolingiens. Pour que la succession héréditaire devienne un principe (le Roi est mort, vive le Roi), il a fallu attendre 236 ans. Tout au long de cette période, la succession s'était faite par association du fils au trône, du vivant du souverain, les rois se méfiant des grands barons. L'acceptation de Louis VIII comme souverain à la mort de son père ne posa aucun problème et le sacre eut lieu quelques mois plus tard au milieu de grandes réjouissances. La forme d'autorité avait évolué, on peut considérer qu'en 987 l'autorité était de nature juridique avec une touche d'autorité de fait, au moins vis-à-vis des grands barons, pour devenir en 1223 une autorité morale avec une touche d'autorité de droit. Lors de la mort de son père, Louis IX avait douze ans ; craignant, avec raison, une réaction des barons à l'encontre de son jeune fils, la régente fit immédiatement proclamer la phrase « rituelle » dans tout Paris. La souveraineté se légitime par l'information.

La diffusion de l'information est un élément de souveraineté en ce sens que l'acteur décide qui pourra bénéficier des informations. On peut considérer deux types de diffusion d'informations. Celle qui est liée à l'affirmation du principe de souveraineté, et celle qui est liée aux opérations nécessaires pour maintenir la souveraineté.

La diffusion des informations de principe se fait essentiellement sur des bases symboliques, il s'agit du drapeau, de l'enseigne. Cette information est toujours diffusée publiquement, elle « affirme ». Cette diffusion peut être aussi utilisée en vue d'opérations de maintien de la souveraineté. Pour garder des exemples anciens qui favorisent la neutralité des propos, lors de la guerre de Cent Ans, et au moment du grand schisme d'Occident, le courrier royal ou pontifical mettait environ quatre jours pour relier Avignon à Paris. Il ne portait qu'un tabard aux armes de France ou pontificales. Aucun ne fut inquiété, ils étaient intouchables. Quelle est la souveraineté pour nos casques bleus ?

La diffusion des informations liées aux opérations nécessaires au maintien de la souveraineté suit des règles différentes. Les règles de diffusion de ces informations dépendent comme nous l'avons vu des objectifs de l'acteur et de ceux de ses correspondants.

Il existe deux niveaux de diffusion. Si le niveau de relations est tactique, la diffusion de l'information aura pour but d'obtenir la victoire, les critères seront ceux de la compétence, le plus souvent technique, de l'énergie, de la ténacité, la sélection de la diffusion se fera sur ces bases. Pour le second niveau qui sera stratégique, la diffusion de l'information aura pour objectif d'atteindre le but poursuivi par l'acteur, les critères seront dans ce cas ceux de la loyauté, voire de la fidélité.

L'exercice de la souveraineté exige donc de maîtriser complètement la diffusion de l'information, pour à la fois légitimer et garder la capacité de conduire l'action de manière autonome. Poussé à l'extrême ce raisonnement aboutissait comme le signalait Norbert Elias, à considérer que l'État se caractérisait par deux éléments, le monopole de l'information et la violence légitime. Ah ce qu'au temps de l'ORTF la France était jolie !

C. La place de l'information dans la gestion de la souveraineté relative

La souveraineté, telle qu'elle nous a été décrite par Philippe Bretton, s'exerçait dans un cadre législatif parfaitement défini, dans des espaces cloisonnés et bien identifiés, du rideau de fer au rideau de bambou. Quelques fissures existaient dans ce système, mais étaient contrôlées par la puissance des États-Nations et du système des deux blocs antagonistes. Aucune entité ne pouvait s'opposer à la puissance d'un bloc, sinon l'autre bloc.

La modification de la souveraineté s'est produite sur deux niveaux. Suite à l'effondrement de l'un des blocs, les modifications de souveraineté ont été d'ordre externe, mais aussi d'ordre interne. Les modifications d'ordre externe sont connues avec des renversements d'alliances, des guerres locales, des interventions se voulant stabilisatrices du bloc vainqueur. Ces actions s'appliquent à tous les domaines, y compris le domaine économique. Ainsi récemment a eu lieu une négociation entre les États-Unis et la Chine. La Chine est le premier producteur mondial de micro-ordinateurs et sera à terme le premier pays consommateur de ces produits. Le choix du système d'exploitation est donc crucial. La Chine avait envisagé la possibilité d'installer sur ses ordinateurs des systèmes *open sources* de type Linux. À l'issue de la négociation, le choix s'est porté sur Windows. Ceci a fait dire à un expert français, sur la radio BFM, « *le but de l'US Navy est de protéger les intérêts de Microsoft* »[17].

Plus intéressant est l'apparition de l'affaiblissement de la souveraineté par des mécanismes internes. Paradoxalement, la fin du bloc soviétique, tout en consacrant la victoire du bloc occidental, a généré des failles de souveraineté à l'intérieur de son propre système. Le système de blocs générait naturellement une société de légitimation qui fondait l'autorité. Cette légitimation n'étant plus nécessaire nous avons assisté à la création d'une société qui se fonde sur le pouvoir, la disparition de « l'ennemi » faisant éclater l'unanimité de la légitimité. Le moyen qui a permis cet éclatement est l'explosion de l'information tant sous l'aspect technique des vecteurs qu'en volume. Il s'est donc constitué des groupes de pression transversaux, de dimension internationale, qui remettent en cause l'ancien concept de souveraineté, voire qui s'attaque à cette souveraineté (affaire Salman Rushdie, réchauffement climatique). Je ne fais qu'évoquer ici un autre aspect celui des souverainistes.

Dans ses prérogatives, le souverain a la capacité de jeter un « interdit ». Un des domaines de cet interdit est la limitation à la publication ou à la diffusion d'ouvrages. Il serait intéressant de mener une étude sur le cabinet noir d'aujourd'hui, de le comparer à la période 1945-1958, puis 1958-1973, 1973-1981, 1981-1992 et de 1992 à nos jours. Les dates des périodes sont sans doute à revoir car il existe une inertie des censeurs.

La principale conséquence de cette évolution est l'éclatement des territoires de la souveraineté. Il est donc nécessaire pour le souverain d'avoir dans ces espaces fluctuants, un système qui

---

17 http://www.radiobfm.com/emission.php?id=41

lui permet en fonction de la contingence du moment, de gérer l'exercice de sa souveraineté. Le système repose essentiellement sur l'information. Le souverain, ou plutôt ce qu'il en reste, est confronté en permanence à ces zones grises ou d'incertitudes (au sens de Crozier) qui existent en interne et en externe. Ce sera donc le souverain qui aura le meilleur système d'évaluation des situations, le meilleur réseau, le meilleur système de communication qui aura la plus forte capacité à définir ses buts et à conduire ses actions.

La souveraineté aujourd'hui se développe dans l'incertitude.

Bibliographie

- Bretton, P., *Relations internationales contemporaines*, Paris, Litec, 1993.
- Bernoux, P., *La Sociologie des organisations*, Seuil, collection Points, 1990.
- Epstein, E.J., *Intox CIA-KGB la guerre des mots*, Stock, 1989.
- Geuss, R., *History and Illusion in Politics*, Cambridge University Press, 2001.
- Herbst, S., « Political Authority in a mediated age », *Theory and Society* 32, Kluwer Academic Publishers, 2003, pp. 481-503.
- Keegan, J., *L'Art du commandement*, Perrin, 2010, nlle éd.
- Paquet, P., *De l'information à la connaissance*, Cahiers de recherche du LOG, n° 2006-01.
- Pichot-Duclos, J., *Les Guerres secrètes de la mondialisation*, Lavauzelle, 2002.

Nouveaux contextes et nouvelles perspectives pour l'engagement des forces

Vincent DESPORTES

Quelles crises et quelles guerres pour le XXIe siècle ? Le sujet mobilise depuis longtemps penseurs, stratèges, géopoliticiens, prophètes et autres anticipateurs. Le point n'est pas ici de proposer une nouvelle réponse originale et définitive aux croisements des arcs de crise, mais seulement de dépasser les considérations trop focalisées sur les risques liées au terrorisme – qui n'est jamais qu'un mode, certes épouvantable, de communication – et à la prolifération.

À défaut de déterminer le lieu de la guerre probable[1], en percevoir le cadre général permet d'en comprendre le style – le seul élément raisonnablement prévisible puisque, des crises à venir, il est presque impossible de déterminer les circonstances –, celui auquel devront être adaptés nos systèmes de forces si ces dernières veulent retrouver leur complète utilité.

Le style des guerres probables

Puisqu'il n'y a pas de forces utiles qui ne correspondent à une modalité de conflit probable, redonner son utilité à la force

---

1 Vincent Desportes, *La Guerre probable. Penser autrement*, Économica, 2008.

impose de l'adapter aux engagements auxquels elle aura très vraisemblablement à faire face. La force doit certes conserver une capacité de remontée en puissance et de réponse aux conflits improbables mais pas impensables. Mais à quoi servirait d'être excellent dans la guerre éventuelle du prochain quart de siècle si nous devions être défaits bien avant, par incapacité à répondre aux défis du jour ? Nous devons donc nous préparer à cette guerre probable dont il est illusoire de planifier les circonstances et les modes. La faute majeure serait de céder au souci de simplification pour dénicher, en aval d'un trop théorique large dénominateur commun de ses expressions à venir, la voie imparable de nos succès. La guerre probable est d'abord une guerre d'adaptation.

La guerre symétrique est improbable

En ce qui concerne la caractérisation de la guerre probable, la première idée structurante est que la guerre classique – au sens où on l'entend aujourd'hui, puissance industrielle contre puissance industrielle – la guerre pour laquelle nous avons perfectionné nos armements et nos systèmes de forces, cette guerre là est vraisemblablement morte. La guerre symétrique est morte ; à tout le moins sa probabilité d'occurrence est négligeable. Le chef d'état-major des armées le dit clairement devant les élèves de l'École navale le 25 janvier 2006 : « *la guerre a vécu, ou plutôt la guerre déclarée, assumée par les peuples belligérants s'engageant massivement nations contre nations, appartient pour longtemps, en tous cas je le pense, au domaine de l'histoire* ». En forçant un peu le trait, on peut dire que la perfection de la guerre a tué la guerre classique, à armes égales : déjà morte en pat le 9 novembre 1989 lors de la chute du Mur de Berlin, elle est morte en mat le 9 avril 2003, au moment de la chute de Bagdad. C'est vrai pour deux ordres de raisons. Le premier est économique, le deuxième nucléaire.

Dans le premier ordre d'idées, on a déjà constaté que la guerre conventionnelle n'est plus un outil rentable de réalisation des visées politiques ou économiques. Parallèlement, le rendement marginal de chaque euro ou dollar supplémentaire investi dans la défense diminue. En effet, d'une part, les coûts exorbitants de la guerre moderne la rendent, sur une grande échelle, de moins en moins efficiente. D'autre part, en creux, pour rester dans le domaine économique et en emprunter le langage, la mondialisation diminue la probabilité d'un conflit de grande ampleur parce qu'elle augmente le coût d'opportunité d'une telle guerre en réduisant durablement le commerce et donc les gains qui en découlent. Par ailleurs, l'intégration régionale accroît les dépendances économiques ; de ce fait, elle diminue également les probabilités des conflits entre pays voisins. L'Europe représente l'idéal type de ce modèle ou l'interdépendance recherchée crée de la coexistence apaisée. Plus profondément encore, dans un système mondial de plus en plus interconnecté, les destructions redoutables que la guerre conventionnelle provoquerait tant chez le vainqueur que chez le vaincu engendreraient des désastres économiques insupportables, sans commune mesure avec les résultats espérés. En ce qui concerne la « grande guerre », la mondialisation joue donc en quelque sorte le rôle tenu hier par la dissuasion.

Dans le deuxième ordre d'idées, il est vraisemblable que, à l'échelon des macro-nations, la dissuasion nucléaire continuera à jouer son rôle fondamental d'abaissement des niveaux de conflictualité. Si, d'aventure, on pensait l'inverse, il conviendrait de se départir immédiatement des très onéreux arsenaux nucléaires que nous entretenons, par construction budgétaire, aux dépens de nos capacités conventionnelles. On remarquera cependant que si la dissuasion dissuadait hier de la menace mortelle et que si elle le fait toujours, cette menace mortelle n'est plus la menace essentielle. La dissuasion nucléaire dissuadant de la menace mortelle mais non de la menace probable, il y a une autre dissuasion complémentaire à construire : elle passe par la reconstruction d'une force conventionnelle apte à relever les défis de la guerre probable, donc à dissuader l'adversaire probable.

Pour cette raison, mais aussi pour de simples raisons d'utilité de la force et des investissements qui lui sont consentis, la décroissance des occurrences possibles des guerres « conventionnelles » doit conduire à des rééquilibrages dans les systèmes de forces. En effet, même si les systèmes de forces terrestres ont subi plus que les autres les conséquences funestes de l'idée erronée « des conséquences de la paix », on constate que les armées ont, en gros, évolué à la baisse de manière homothétique depuis la fin de la Guerre froide. Cette distorsion a entraîné un décalage de plus en plus important du modèle par rapport à la réalité des crises puisqu'elles n'ont pas, elles, loin s'en faut, évolué de manière homothétique.

On remarquera cependant, et c'est fondamental, que le maintien en sommeil de la guerre classique suppose encore pendant longtemps que l'on conserve les capacités de la faire. On « désinvente » difficilement les modes de guerre. Pas plus que l'on n'a pu « désinventer » la guerre nucléaire et que la présence des arsenaux nucléaires continue étrangement à justifier leur existence, on ne « désinventera » pas la guerre classique : en conséquence, seule la capacité de la faire et de la faire bien en diminuera pour nous l'occurrence. De la même manière que la guerre n'abandonne plus un espace (terrestre, maritime, aérien, informationnel etc.) dès lors qu'elle l'a investi, tout se passe comme si une deuxième couche de dissuasion – conventionnelle celle-ci – s'était rajoutée à la dissuasion nucléaire. Ainsi, de la même manière qu'il a été nécessaire d'investir dans l'armement nucléaire et l'armement classique, il va être désormais nécessaire de continuer à investir dans les systèmes de forces adaptés à ces conflits – les conflits possibles – tout en construisant les systèmes de forces capables d'efficacité politique dans les guerres probables, celles que nous mènerons. Ce n'est pas l'un *ou* l'autre ; c'est l'un *et* l'autre, dans des proportions qu'il conviendra de définir. C'est d'autant plus vrai que si la guerre probable ne sera sûrement pas une grande bataille frontale, elle comportera à coup sûr de multiples engagements de haute intensité.

C'est d'autant plus vrai aussi que rejeter définitivement la possibilité d'une « grande guerre » serait méconnaître à la fois l'histoire des hommes et la nature même de la guerre. La possible résurgence d'États malveillants dotés de composants sérieux de la puissance militaire classique pourrait se conjuguer avec la dépendance énergétique congénitale de l'Europe pour menacer directement nos intérêts stratégiques ou de puissance. L'éventualité d'un conflit majeur interétatique ne peut donc être exclue, même si le coût de la « grande guerre » est devenu rationnellement inacceptable entre sociétés développées. Par ailleurs, l'événement demeure contingent, fondamentalement libre de toute nécessité historique ; nous savons que la guerre a souvent été le résultat d'un enchaînement non maîtrisé d'événements aléatoires, nous savons aussi que « *la vie propre de la guerre* » la laisse le plus souvent s'échapper des limites dans lesquelles on entendait initialement la contenir. La guerre est loin d'obéir aux seules règles de la rationalité et son imprévisibilité impose la prudence dans la prédiction. Il est donc nécessaire de ne pas se départir aujourd'hui des moyens de ce type de guerre et de préserver, pour l'avenir, les capacités de remontée en puissance, d'autant que l'émergence d'une nouvelle rivalité bipolaire n'est pas exclue dans le demi-siècle à venir. Dissuasion et contrainte demeurent donc deux fonctions fondamentales des systèmes de défense. Cette posture impose la possession d'équipements de pointe et l'excellence dans le domaine de la recherche et du développement, grâce à la maîtrise continue et raisonnée du progrès technologique. S'il s'avérait nécessaire de contraindre ou indispensable de détruire, la nécessité accrue de calibrer les effets par une action précise, rapide et adaptée, oblige à la possession raisonnable des meilleurs outils de coercition.

On aurait cependant tort de croire qu'un affrontement du fort au fort pourrait ressembler demain à celui que nous avons préparé hier. Ce serait mépriser la règle fondamentale du contournement, celle que nous avons hélas oublié entre les deux guerres mondiales. La suprématie est intellectuellement dangereuse. Cela veut dire qu'il faut se préparer sérieusement à l'éventualité de la « *surprise stratégique* », mais il faut s'y préparer en comprenant bien ce qu'elle pourrait être. Cette guerre ne se déroulera probablement pas selon les modalités de la guerre d'hier – sinon elle ne serait pas une surprise – et, par conséquent, ce ne sont pas nos modèles prévus pour celle-ci qui permettront de faire face à celle-là. Ce qui est probable aussi, c'est que cette « surprise » ne sera pas une guerre conventionnelle du fort au fort, sinon ce serait reconnaître l'inutilité même de notre dispositif de dissuasion. Il est probable aussi que, même en cas de résurgence d'une menace militaire majeure, la *surprise stratégique* ne pourrait pas être une guerre symétrique où nous pourrions donner le meilleur de notre puissance. En effet, l'adversaire qui choisirait de nous affronter d'égal à égal ne le ferait qu'avec la certitude de pouvoir réduire d'entrée notre surpuissance, et en particulier notre talon d'Achille, nos réseaux, par attaques informatiques ou armes à impulsion électromagnétique par exemple. Donc, nous préparer à la surprise stratégique, c'est d'abord reconnaître que notre adversaire sera intelligent ; il agira de manière préférentielle dans des espaces « hors limites », probablement davantage sur les flux plus que sur les stocks, et – s'il opte pour une action militaire – il frappera la faiblesse de notre puissance en « égalisant » ou neutralisant d'entrée nos « avantages comparatifs », en évitant nos arsenaux et notre puissance par la règle éternelle et fondamentale de la guerre, celle du contournement.

De la symétrie à l'asymétrie

Face à un adversaire probable qui entend refuser le verdict du champ de bataille, la puissance s'affirme toujours davantage comme un exercice complexe. Pour être utiles, les nouveaux modèles de forces n'ont pas d'autre choix que de comporter, à la fois, des armes « intelligentes » et des volumes significatifs d'unités robustes.

La puissance semble en effet marquée par un paradoxe majeur : sa logique pousse à son renforcement continu mais ce dernier altère sa pertinence, l'excès de puissance conduisant à des pratiques visant à la contester, puis à la contourner. Confronté à une puissance trop forte pour oser s'y frotter avec ses propres armes, le faible, jugeant le puissant hors d'atteinte, invente de nouvelles formes de défis qui modifient la notion même de victoire. Il retarde l'action décisive, évite la défaite, étend et renforce son réseau, assoit son assise interne et externe pour retourner en sa faveur l'équilibre global des forces de toute nature. La puissance destructrice, dans son déséquilibre et sa perfection, suscite l'évitement qui, en retour, la rend vaine. Les adversaires des guerres probables refusent ainsi naturellement de mener les guerres de haute technologie que nous préparons. Partout, l'adversaire irrégulier refuse de s'exposer à la puissance de destruction exceptionnelle de nos forces militaires modernes ; de ce fait, cette puissance parfaite tombe dans le vide qu'il leur tend. Plutôt que de rechercher la compétition sur le champ d'affrontement de la haute-vitesse et de la brièveté dominé par les forces occidentales, l'adversaire probable investit les luttes politiques longues et les bras de fer psychologiques ; il planifie sur des décennies et évite notre bataille parce qu'il n'a nul besoin de victoire tactique. Compte-tenu de la supériorité technologique occidentale dans les quatre espaces opérationnels classiques (terrestre, maritime, aérien et hertzien), l'adversaire n'a pas d'autre choix que de chercher des stratégies de contournement dans les espaces où il peut lutter à armes égales, l'infosphère et l'espace humain.

Ce sont donc d'autres outils et d'autres méthodes que celles des guerres conventionnelles d'hier qu'il faut forger et posséder pour intervenir dans le monde et y imposer son projet politique. La guerre de demain – la guerre probable – se livrera au sol, elle sera un combat rapproché car, malgré tous les miracles technologiques, pour vaincre l'homme armé de son seul poignard, il faut bien prendre le sien. Nos sociétés occidentales n'avaient plus avec la violence de la guerre qu'un rapport abstrait, virtuel, mais dans la guerre probable, l'adversaire aura un visage et ce sera celui de la haine. Nous devons comprendre que la guerre asymétrique n'est pas une forme dégénérée de guerre : c'est la guerre tout court et, si l'on regarde en arrière, celle qui, de tous temps, été la plus fréquente. Cet apparent retour de la guerre asymétrique n'est en fait que la fin d'une focalisation : depuis 1945, les conflits que nous appelions alors encore « de basse intensité », avec un certain mépris pour ce que nous croyons n'être pas la guerre, ont non seulement prédominé en quantité mais ont été aussi, de loin, les plus meurtriers.

Il est parfaitement exact que, même si la guerre classique est probablement morte, les forces occidentales continueront à devoir conduire, dans les phases initiales des conflits, des engagements dissymétriques où elles affronteront des forces de même nature mais de capacités beaucoup plus limitées. Mais, ce que l'on constate sans exception, c'est que ces engagements dissymétriques, toujours courts, se transforment désormais en conflits asymétriques, fort longs et coûteux, où la force conventionnelle se trouve opposée à un adversaire irrégulier usant de manières de guerre hétérodoxes. Pour ne prendre que quelques exemples récents, la guerre du Kosovo, c'est deux mois de guerre classique et, pour l'instant, neuf ans de crise asymétrique ; la guerre en Afghanistan, c'est un mois de guerre classique et, bientôt, sept ans de crise asymétrique ; la guerre d'Irak, c'est trois semaines de guerre classique et déjà cinq ans de guerre asymétrique.

Ce que l'on observe aujourd'hui, c'est donc une évolution profonde dans les proportions. Hier les phases de coercition constituaient l'essentiel des interventions parce qu'il s'agissait de contraindre un État et de détruire pour ce faire ses capacités militaires. Aujourd'hui, il s'agit le plus souvent et le plus longuement d'agir non pas contre un adversaire de ce type, mais au contraire d'agir pour restaurer l'État et au profit d'une population.

Ce que l'on sait aussi, c'est que dans les conflits les plus probables à l'avenir, le rôle et la place de l'action militaire sont très différents de ceux auxquels nous avons été longtemps habitués. L'action militaire, hier centrale, ne devient plus qu'une partie d'un tout, ou, selon notre jargon militaire, une « ligne d'opération » parmi les autres, essentielle sans doute parce que l'état sécuritaire du pays conditionne les entreprises de reconstruction, mais néanmoins une ligne d'opérations parmi les autres. Les autres lignes sont diplomatique, économique, humanitaire, etc. Hier, lorsque la philosophie classique pensait la guerre à partir de l'État, c'était à la victoire militaire de conduire à la victoire politique ; c'est l'inverse dans la guerre probable. Il nous faut donc penser la guerre autrement.

De l'inattendu et du contournement : l'adversaire fait notre propre loi

La seule certitude, pourtant, n'est pas celle de l'incertitude : nous savons aussi que deux règles s'appliquent invariablement. La première est celle de l'intelligence de l'adversaire. Nous devons respecter intellectuellement notre adversaire futur : respect pour ses capacités de réflexion, de déduction et d'adaptation, pour sa volonté de ne pas nous laisser faire la guerre où nous excellons, pour son aptitude à diagnostiquer nos forces et nos faiblesses. La deuxième est celle du contournement. Le principe même du succès à la guerre est celui du contournement, car si le succès tactique peut se suffire de la destruction de la force, le succès stratégique est généralement dû à son contournement. Sans aucun doute, le contournement constitue la nature même de la « guerre hors limites », la guerre probable qui nous attend.

Cette guerre probable du « contournement réciproque » exigera, encore plus que les autres, la qualité première du soldat, la capacité d'adaptation. Ainsi, si la guerre d'hier – la guerre technique de destruction – était techniquement compliquée, la guerre probable est complexe ; elle demande des qualités accrues d'adaptation. Les circonstances de la guerre modifiaient peu la machine à détruire – l'avion n'est guère modifié par la nature de sa cible – mais elles modifient de manière continue, dans les deux camps, les hommes et leurs interactions au contact direct de la conflictualité.

Le contournement n'est rien d'autre que la vérité éternelle de la guerre ; toute victoire, au fond, est asymétrique. La supposée irrégularité de l'adversaire n'est que l'application de la seule règle éternelle de la guerre, du moins de la guerre probable, peut-être pas de celle dont nous rêvons parce que nous savons mieux la faire. La guerre est tout sauf une rencontre sportive jouée selon des règles admises par les deux parties et aucun arbitre ne viendra siffler la fin de la partie pour mettre fin à la démarche réciproque de contournement ; il n'y pas un premier et un second, il y a un vainqueur et un vaincu. Sa logique, parfaitement saisie par Clausewitz, est différente de la logique politique ; c'est celle du duel où « *chaque adversaire fait la loi de l'autre* ». Il est donc impossible de déterminer par avance et de manière unilatérale son espace, son étendue et ses formes de violence : sa dynamique propre conduit les événements de manière plus ferme que la volonté politique. La guerre probable sera « irrégulière » non seulement parce qu'elle impliquera des « forces irrégulières » mais surtout parce qu'elle ne présentera pas de « régularité».

Cette loi du contournement, c'est exactement l'esprit de l'excellent titre donné par les deux colonels chinois Qiao Liang et Wang Xiangsui à leur ouvrage visionnaire : *La Guerre hors limites*[2]. Les prochaines guerres, n'en doutons pas, seront « hors limites ». Qui imagine une guerre frontale – celle d'hier – contre un adversaire équivalent n'a pas percé grand chose du phénomène guerrier et de l'intelligence humaine. Ne rêvons pas, il y a peu d'adversaires qui souhaitent devenir la victime consentante de la sorte de guerre que nous maîtrisons, que nous souhaitons conduire et à laquelle, bien souvent, nous continuons à nous préparer.

Une dimension intérieure croissante

La mondialisation altère aujourd'hui la distinction séculaire entre l'interne et l'externe : « *il n'y a plus de frontières à nos menaces* ». C'est d'autant plus vrai en Europe que l'ouverture des frontières est consubstantielle à l'idée européenne elle-même. Du coup, la limite entre sécurité intérieure et sécurité extérieure s'estompe. C'est ainsi par exemple que des hypothèses d'emploi aussi dissemblables en apparence qu'un conflit oriental, une intervention de stabilisation aux franges de l'Europe ou une flambée de violence terroriste sur le territoire national, appellent une réflexion englobante quant aux modalités d'utilisation d'une même capacité militaire dans des circonstances extrêmement hétérogènes.

La description du nouveau contexte d'engagement serait donc incomplète si l'on en excluait les nécessités intérieures qui conduisent les armées – et particulièrement l'armée de Terre – à participer aux efforts collectifs de sécurité. Le premier devoir de l'État est la défense et la protection du territoire national et de sa

2 Éditions Payot-Rivages, Paris, 1999.

population ; il doit donc préserver les moyens de l'action efficace sur le territoire national, ce qui veut dire entre autres qu'il doit conserver des effectifs suffisants pour l'action humaine, en masse, pour prévenir l'action terroriste par exemple. De plus en plus, les forces armées devront être capables d'agir à l'intérieur, pour des missions de secours aux populations, et en réponse, si besoin est, aux actes de terrorisme. La fonction opérationnelle essentielle, celle qui correspond à l'effet final recherché, c'est la protection du territoire national, métropolitain ou non, et de nos ressortissants[3] ; les autres, quelle que soit leur dénomination, doivent être conçues pour tendre vers la réalisation de celle-là.

C'est pour l'instant essentiellement dans le cadre de la solidarité nationale, du secours et du soutien aux populations, que les armées font, lorsque nécessaire, profiter la Nation de leurs effectifs et leurs savoir-faire uniques, là où la police, la gendarmerie ou les autres services de l'État ne peuvent plus ou ne savent pas intervenir. Dans ces missions de service public, répondant aux catastrophes naturelles, technologiques et sanitaires ou soutenant de grands événements mondiaux ponctuels mais récurrents, agissant par complément dans ses domaines d'excellence, elles apportent leurs spécificités techniques, leur capacité de réaction rapide, leur organisation et leur aptitude acquise, par l'expérience, à rester solide dans la crise. Il n'est pas impossible aussi que l'évolution de la criminalité et le durcissement rampant des zones de non-droit conduisent à de nouvelles formes d'intervention sur le territoire national, dans le respect cependant de la spécificité militaire qui est elle-même un des garants de la pérennité de la nation.

Au-delà de ces engagements particuliers, grâce à leurs effectifs et leur autonomie fonctionnelle préservés, les armées demeurent encore *l'ultima ratio* du gouvernement, capable de réagir efficacement quand le reste ne fonctionne plus. Elles se trouvent ainsi toujours en mesure de déployer très rapidement sur le territoire national des volumes de forces importants pour prévenir une action terroriste ou sécuriser une zone déjà frappée.

La population ne comprendrait pas, et elle aurait raison, que l'outil militaire ne puisse être utile à l'intérieur. Cette situa-

---

3 On sait déjà que la protection de ces derniers dépasse largement le territoire français ; on notera au passage que la 6e plus grande ville française est Londres, avec plus de 300 000 Français y vivant en permanence !

tion serait dangereuse. L'expression anglaise est claire : « *If you are not usable, you are not affordable* », ce qui veut dire que l'on ne conserve pas longtemps le luxe de l'outil inutile. Pour être clair, une défense très onéreuse et de haute technologie mais incapable de déployer sur le terrain les effectifs nécessaires, en cas de catastrophe naturelle par exemple, est condamnée à céder progressivement des pans budgétaires considérables.

*

*   *

Si les armées venaient à n'être plus considérées comme un outil directement utile à nos concitoyens, elles risqueraient de n'être plus capables de conduire les indispensables actions militaires de la « bataille de l'avant » : les budgets, en effet, glisseraient inexorablement vers d'autres ministères, ce qui priverait du même coup le gouvernement de sa capacité d'action à l'extérieur. Pour reprendre l'expression du chef d'état-major de l'armée de Terre, le général d'armée Bruno Cuche, les armées modernes doivent être des armées « duales », capables autant d'actions à l'extérieur que d'action directe au profit de la population et de sa sécurité. C'est une idée forte qu'il faut mettre rapidement en œuvre, de manière très volontariste. Nous devons forger les voies qui nous permettront d'être capables d'actions extérieures et intérieures, avec les mêmes hommes et avec les mêmes moyens : tel pourrait bien être le plus grand défi que les armées aient à relever dans les années qui viennent, dans une configuration rendue très sensible par l'importance des enjeux politiques, comme l'a montré l'exemple de l'attentat de Madrid (11 mars 2004) et de ses répercussions tant opérationnelles qu'internationales.

La souveraineté supranationale : un impératif contemporain ?

Kimon VALASKAKIS

La Planète Terre aura-t-elle un jour un gouvernement mondial doté de la même souveraineté qu'exerce aujourd'hui chacun des 193 gouvernements membres des Nations Unies ? À notre humble avis, ce n'est pas seulement une probabilité à long terme, mais une inévitabilité. Combien de temps cela prendra-t-il ? Si l'on pouvait parier et vivre assez longtemps pour vérifier si le pari est gagné, nous serions prêts à gager que nous aurons un gouvernement mondial avant la fin de ce siècle et peut-être même vers 2050. La dynamique est la suivante. Plus les défis mondiaux deviennent difficiles et épineux plus la nécessité d'un gouvernement mondial augmente. Cette contribution prétend que la planète est devenue ingouvernable avec les institutions actuelles et qu'il faudra en inventer d'autres ou modifier ces mêmes institutions en les dotant d'une souveraineté supranationale. Pour appuyer cette affirmation, nous commençons par retracer l'évolution historique de la souveraineté nationale pour ensuite révéler les carences du système actuel qui mène à l'impératif d'un éventuel gouvernement mondial.

La « constitution » actuelle du monde : l'ordre westphalien

Aujourd'hui, le Monde est gouverné à partir d'une constitution implicite qu'on peut appeler l'Ordre westphalien. Dans son acception la plus fondamentale, le Système westphalien gère le monde par la juxtaposition de l'autorité d'environ 200 gouvernements nationaux qui se reconnaissent comme *souverains*. 193 de ces gouvernements sont membres des Nations Unies mais tous les pays du Monde acceptent les mêmes règles du jeu. L'acteur principal de notre système juridique international est l'État-nation souverain. Tout commence et finit par lui.

Les origines du concept de souveraineté nationale remontent aux traités de Westphalie de 1648 qui ont mis fin à la Guerre de Trente Ans. L'Europe pré-westphalienne était constituée d'empires en déclin, de seigneurs féodaux en repli et d'une classe émergente de commerçants et capitalistes. Les traités de Westphalie ont créé un nouvel ordre européen, en transférant la souveraineté de l'Empereur à environ 300 princes allemands. L'autorité politique a été décentralisée et les germes d'une éventuelle Europe des États-nations ont été semés. L'Ordre Westphalien européen est devenu par la suite l'Ordre Mondial et reste aujourd'hui le *modus operandi* politique de la Planète Terre.

Dans l'étude que j'avais préparée à la fin de mon mandat comme ambassadeur du Canada à l'OCDE[1], j'avais essayé de démontrer que l'ordre westphalien reposait sur cinq caractéristiques fondamentales.

La primauté de la souveraineté

La souveraineté est définie comme le droit le plus absolu sur terre, le droit du souverain, qui ne répond qu'à Dieu. Par définition, il s'agit d'un droit sans appel. Si, à l'origine, il s'agissait d'une prérogative royale, avec le temps, la souveraineté est devenue synonyme de la volonté nationale, exprimée par voie démocratique ou dans plusieurs cas par un dictateur qui prétend parler au nom de la nation.

La souveraineté s'exerce sur un territoire géographique

Le pouvoir absolu du souverain s'exerce sur un territoire géographique plutôt que sur des sujets, legs du principe féodal "nulle terre sans seigneur et nul homme sans terre". Cette carac-

1 K. Valaskakis, "Tendances à long terme de la gouvernance mondiale : De Westphalie à Seattle", in OCDE, *La Gouvernance au XXIe siècle,* OCDE, 2001, pp. 55-80.

téristique reste d'ailleurs très présente aujourd'hui. La souveraineté d'un État s'arrête à ses frontières géographiques, même si certains pays comme les États-Unis prétendent posséder des pouvoirs extra-territoriaux sans aucune justification juridique.

Les principaux acteurs du système westphalien sont les gouvernements

Les acteurs privés, entrepreneurs, producteurs, travailleurs, compagnies de commerce etc. restent assujettis, dans le système westphalien aux ordres du gouvernement. À l'époque mercantiliste des XVIIe et XVIIIe siècles, les gouvernements se livraient des guerres économiques en appuyant leurs entreprises nationales qui avançaient comme des armées. Le sommet du mercantilisme souverainiste a été atteint sous le Colbertisme, une doctrine dirigiste où l'État intervient massivement dans l'économie et assume les fonctions de général en chef pour défendre les intérêts nationaux. Les entreprises restent des instruments économiques de l'État et ne sont pas complètement autonomes. L'État ordonne, les entreprises obéissent.

Le droit international effectif trouve sa genèse dans les traités et accords entre états souverains

Bien que plusieurs auteurs, dont Hugo Grotius, aient évoqué l'idée d'un droit naturel basé sur une morale universelle, l'évolution du système westphalien est allée dans la direction d'un droit international surtout basé sur des traités interétatiques, librement consentis par les signataires. Parce qu'il est librement consenti, un traité peut aussi être répudié car il n'y jamais de perte irréversible de souveraineté. Il y a seulement délégation de pouvoirs, sauf peut-être dans le cas de reddition inconditionnelle suite à une défaite militaire où la souveraineté est transférée du vaincu au vainqueur. Le droit international westphalien doit être perçu comme une série de contrats entre états, dont l'application dépend de la volonté des signataires. Aucun système « judiciaire » supranational n'existe pour forcer l'application des traités. Les appels aux grands principes de déclaration universelle des droits restent utiles comme points de repère mais n'ont pas vraiment force de loi. Les traités, eux, ont force de loi, mais, dans certains cas, ils sont soumis aux constitutions des États signataires même après ratification par les législatures de ces derniers. Dans le cas extrême des États-Unis, la Constitution américaine a primauté sur les traités signés et ratifiés. Par conséquent pour les Américains, le droit international doit se conformer à la Constitution américaine et non pas l'inverse.

Légitimation de la guerre entre états souverains

Même si le Système westphalien favorise, en principe, la paix et la collaboration entre nations, il reconnaît, implicitement, la légitimité de la guerre comme moyen de résolution de conflits entre nations souveraines. *Si deux souverainetés s'affrontent et qu'aucun compromis n'est possible alors le recours à la guerre devient légitime.* Le système westphalien a, dès le XVIIIe siècle, essayé de "civiliser" la guerre en lui imposant des règles. Celles-ci portent sur les procédures à suivre avant de déclencher les hostilités (déclaration formelle de guerre, retrait des ambassadeurs), les règles concernant le conflit lui même, (armes interdites, traitement de prisonniers etc.) et enfin les méthodes acceptées pour mettre fin au conflit (armistice, traités de paix ou reddition inconditionnelle avec transfert de souveraineté du vaincu au vainqueur). La guerre westphalienne n'est peut-être pas fraîche et joyeuse, mais elle est censée être encadrée dans un processus formel assez bien défini.

L'Ordre westphalien a dominé la vie internationale depuis la signature des traités de Westphalie, jusqu'au présent. Quatre des cinq principes énoncés ci dessus restent intacts. La souveraineté nationale reste suprême et est enchassée dans la Charte des Nations Unis qui la mentionne explicitement. Elle continue à s'exercer dans la plupart des cas, sur un territoire national, à l'exception occasionnelle des États-Unis qui assument, sans aucun mandat extérieur, des pouvoirs extra-territoriaux (exemple : le droit d'intervention et de guerre préventive de la Doctrine Bush). La guerre, qu'elle soit préventive ou défensive, reste un instrument légitime de politique extérieure et le recours à la force est autorisé, dans certaines conditions, par les Nations Unies. La source du droit international demeure les traités signés par les états souverains et le droit naturel reste un énoncé de principes et de vœux pieux mais pas beaucoup plus.

À noter cependant qu'une des caractéristiques de l'Ordre westphalien a beaucoup changé. Avec l'évolution du capitalisme mondial dans la seconde moitié du XXe siècle, l'équilibre du pouvoir entre le secteur public et le secteur privé a changé en faveur de ce dernier. Les nouvelles vedettes sont les entreprises multinationales ainsi qu'une série d'autres acteurs non-étatiques allant de groupes de pression visibles ou invisibles aux organisations non gouvernementales qui sont censées représenter la société civile. Nous y reviendrons.

La concertation inter-étatique 1815 – 2008

À partir de 1815 le Système Interétatique, tout en conservant sa base souverainiste, évolue dans la direction d'une certaine concertation entre gouvernements nationaux. La première grande tentative de concertation est celle de Metternich et du Congrès de Vienne après la défaite de Napoléon Ier. Les puissances victorieuses créent un système de conférences inter-étatiques précurseur des sommets contemporains, dont l'objectif est de résoudre les problèmes communs sans avoir recours à la guerre. Le système metternichien est surtout axé sur la préservation du *statu quo* et vise à prévenir les révolutions et les excès du type napoléonien. Ce système réussit à éviter une grande guerre européenne pendant tout le XIXe siècle. Bien que plusieurs guerres régionales marquent ce siècle il n'y pas de guerre pan-européenne. La concertation internationale a assez bien fonctionné. Mais ce n'était, malheureusement, que partie remise car la première partie du XXe siècle a elle été dominée par deux grandes guerres mondiales particulièrement meurtrières en 1914-1918 et 1939-1945.

La tentative de construire, dans l'entre-deux-guerres, un second système de concertation interétatique autour de la Société des Nations a malheureusement échoué, suite au retrait des États-Unis. La troisième tentative est venue après 1945 avec la création de ce qu'on appelle le système multilatéral ou amalgame d'institutions intergouvernementales. En effet, de 1945 à 2000, plusieurs nouvelles organisations intergouvernementales ont été créées pour mieux gérer le monde. Ces dernières incluent les Nations Unies, les institutions de Bretton Woods (Banque Mondiale et FMI), l'OCDE, le Bureau International du Travail, l'OMC (Organisation Mondiale du Commerce) etc. S'ajoutent à ces organisations mondiales des ententes régionales comme l'Union Européenne, l'ALENA (l'Association pour un Libre Échange Nord Américain), le MERCOSUR en Amérique latine etc. Aujourd'hui, on compte des centaines d'OIGs (Organisations Intergouvernementales) dont le but est de résoudre par la concertation intergouvernementale un ensemble de problèmes sectoriels, régionaux ou mondiaux.

La grande majorité des OIGs reste régie par l'Ordre Westphalien. Il n'y a pas de cession de souveraineté. Bien au contraire, la plupart invoquent le principe de *l'égalité souveraine*. En d'autres termes, tous les États membres, indépendamment de leur taille, jouissent de la même souveraineté. On ne peut rien leur imposer sans leur consentement individuel. À l'OCDE par exemple, au moment où j'étais en poste, tout se décidait par consensus, ce qui donnait un veto effectif à chaque membre. J'ai eu le privilège, durant mon séjour dans cette institution, de diriger une commission d'ambassadeurs pour modifier les règles et accepter le principe de votes pondérés et de majorités spéciales pour certaines décisions. Abolir le consensus-pour-tout exigeait un consensus ce que nous n'avons pas réussi, Nous sommes arrivé au consensus moins 3 avec 23 États membres sur 26. Les réformes n'ont pas été adoptées mais, par la suite, de nouvelles versions de nos propositions, légèrement modifiées, ont été mises en place, permettant le recours au vote pondéré en cas d'impasse. Cependant, à toute fin pratique, l'OCDE reste encore résolument une institution westphalienne. Bien que la possibilité de voter, dans certains cas, soit maintenant présente, aucun pays membre n'est contraint d'accepter une décision collective à laquelle il s'oppose et il conserve un droit de retrait (*opting-out*), c'est-à-dire de se soustraire à cette décision.

La meilleure façon de définir une organisation comme l'OCDE, qui reste assez typique de plusieurs autres organisations intergouvernementales, est une conférence permanente entre États-membres qui mène non seulement à des études mais aussi à la signature de protocoles d'entente et de traités. Les ambassadeurs qui forment le conseil des gouverneurs de cette institution sont plénipotentiaires et ont le pouvoir d'engager leurs gouvernements respectifs. Cependant, aucune sanction sérieuse n'est prévue si une convention signée n'est pas respectée et il n'y a aucune procédure d'expulsion ou de suspension d'un État-membre délinquant.

Bien qu'il existe des variantes entre les différentes organisations intergouvernementales le principe de l'égalité souveraine est présent presque partout. La plupart des OIG restent donc westphaliennes, mais il y a deux exceptions. La première reste douteuse et ambiguë. Il s'agit du Conseil de Sécurité des Nations Unies qui peut, en principe, exercer des pouvoirs supranationaux dans certains cas particuliers. Il peut imposer des sanctions économiques et intervenir militairement dans certaines circonstances, surtout dans le cas d'une agression d'un pays membre contre un autre. Mais, en pratique, les pouvoirs du Conseil de Sécurité restent plongés dans l'ambiguïté. Le recours à la force est-il permis contre un pays non membre ? Ce n'est pas sûr. Le Conseil de Sécurité a t-il le droit d'intervenir dans les affaires intérieures d'une nation, pour empêcher un génocide (Darfour, Bosnie, Rwanda) sans le consentement du gouvernement souverain de cette nation, elle-même membre des Nations Unies ? La réponse est un oui mitigé. Le Conseil de Sécurité peut-il intervenir dans le seul but d'effectuer un changement de régime, comme les États-Unis l'ont fait en Irak ? Non en principe, oui, au cas par cas.

En dernière analyse, le Conseil de Sécurité des Nations Unies est-il un gouvernement supranational en matière de sécurité, ou tout simplement le comité directeur d'un club privé assurant le respect des règles par les membres ? L'exercice de l'autorité supranationale du Conseil de Sécurité reste assez flou et avec un fondement juridique très incertain du moment que la Charte des Nations Unies confirme la primauté de la souveraineté des pays membres, alors que le Conseil de Sécurité semble posséder des pouvoirs supranationaux. Il y a plusieurs contradictions à résoudre.

Le second exemple est plus clair. Il s'agit de l'Union Européenne. En effet, l'UE a choisi, par une succession de traités, d'opter pour un mouvement progressif vers la supranationalité. L'idée d'origine de l'Europe des Six était de progresser vers les États-Unis d'Europe avec, en fin de course, un État fédéral à l'américaine. L'intégration européenne a toujours été un projet *politique* dont les moyens étaient en partie économiques. Avec l'élargissement, ce projet politique s'est dilué mais reste quand même la base intellectuelle et spirituelle de l'Union. L'intégration européenne est la première tentative sérieuse de créer une souveraineté partagée, supranationale, réalisée volontairement et sans guerre. L'Europe qui a donné le Système westphalien au monde est maintenant en train de le dépasser et de créer des structures post westphaliennes où les directives émanant de la Commission Européenne ont préséance sur la volonté souveraine des États membres. On pourrait parler d'une souveraineté *continentale* émergente.

La retraite de l'État : 1980-2008

Pendant que les gouvernements du monde essayaient de construire des structures de concertation interétatiques, westphaliennes dans la plupart des cas et post westphaliennes dans les deux exemples sus-mentionnés, un nouvel acteur est devenu la grande vedette du système mondial. Il s'agit de l'entreprise multinationale qui, depuis 1945, a globalisé sa structure de production, de localisation et a le pouvoir de contrecarrer et neutraliser les efforts des gouvernements nationaux. Aujourd'hui, il est bien connu que les grandes multinationales ont une capacité de dépenser supérieure à celle de la plupart des gouvernements de la planète. Sa structure transnationale lui permet aussi de jouer une juridiction contre une autre et de déplacer ses activités d'un pays à l'autre sans difficultés.

L'essor de l'entreprise multinationale s'est fait sans trop de fanfare de 1945 à 1980 et le phénomène de mondialisation qu'elle a engendré est resté à l'époque peu discuté. La croissance de l'influence économique de l'entreprise multinationale a été accompagnée par l'émergence de groupes d'intérêts spéciaux, parfois visibles comme les lobbies et souvent invisibles comme les sectes, groupes occultes et dans des cas extrêmes des mafias organisées. Le troisième groupe d'acteurs non-étatiques est composé d'ONGs (organisations non gouvernementales) qui représentent la société civile. Ensemble, ces trois sous-ensembles, entreprises multinationales, groupes de pressions et ONGs ont maintenant une influence qui dépasse celle de la plupart des 200 gouvernements de la planète.

Cette perte de puissance du secteur public mondial a été aggravée par une décentralisation des pouvoirs. Les 193 gouvernements nationaux, membres des Nations Unies, sont maintenant doublés de milliers de gouvernements et quasi gouvernements infranationaux jouissant de certains pouvoirs régaliens. Dans les fédérations et confédérations comme les États-Unis et le Canada, la souveraineté est partagée entre le gouvernement fédéral et celui des États et provinces. Au Canada, par exemple, l'environnement et toutes les questions de développement durable sont des juridictions partagées fédéral-provincial. Cela veut dire que des accords internationaux comme le Protocole de Kyoto peuvent être soumis à des contestations constitutionnelles même après avoir été signés par le gouvernement central et ratifié par la législature.

Ce phénomène de décentralisation des pouvoirs au niveau du secteur public ne touche pas seulement les fédérations mais même les pays à régime unitaire. De plus en plus de responsabilités sont exercées au niveau local, ce qui complique la tâche de la gouvernance mondiale. En faisant l'inventaire des gouvernements et quasi gouvernements infranationaux et municipaux exerçant de plus en plus des pouvoirs quasi-régaliens, on s'aperçoit qu'on multiplie le nombre d'acteurs dangereusement. Les 200 gouvernements nationaux nominalement souverains sont maintenant doublés par des dizaines de milliers de gouvernements infranationaux, ce qui finit par affaiblir considérablement l'autorité de tout le secteur public mondial.

Au niveau des idéologies, la retraite effective des gouvernements a été renforcée par la révolution Reagan-Thatcher qui préconise un système économique ultralibéral basé sur la minimisation de l'État au profit des forces du marché. Cette révolution se base sur cinq principes directeurs.

Privatisation

Après la chute du Mur de Berlin, les républiques de l'ex-Union Soviétique ont opté pour le capitalisme à outrance. La privatisation des compagnies d'État soviétique a mené à l'émergence d'une nouvelle classe politique d'oligarques multimilliardaires. Un mouvement semblable s'est amorcé en Chine qui est devenu de rouge à très bleue, même si le Parti communiste reste officiellement le grand patron.

Les pays occidentaux et du tiers-monde ont été atteints par une vague de privatisation. Plusieurs gouvernements de gauche comme de droite se sont débarrassés des compagnies d'État et ont accepté de transférer une grande partie du patrimoine national au secteur privé, par voie de privatisation.

Déréglementation

Les industries déjà dans le secteur privé ont été progressivement déréglementées, à la fois au niveau national qu'international. La déréglementation, grande mantra des années 1980 et surtout 1990, a finalement créé un monde sans frontières qui est aussi devenu, un monde sans règles, phénomène qui a mené à la crise d'automne 2008, que nous aborderons plus loin.

Réduction du poids économique de l'État

Dans la période 1980-2000, la tendance universelle a été de réduire les dépenses de l'État, de transférer le plus de compétences aux forces du marché et procéder à des allègements fiscaux. On a même parlé dans les années 1990 de pratiquement abolir l'État et sous traiter la plupart des ses fonctions à des groupes privés. Ce mouvement ultra-libéral (*libertarian* en anglais) a été accéléré au cours des deux mandats de George W. Bush aux États-Unis marqués par l'ascendance des néoconservateurs américains. Cependant, paradoxalement c'est au cours des administrations Reagan dans les années 1980 et George W. Bush dans les années 2000-2008 que l'État américain a eu ses plus grands déficits fiscaux. On a prêché mais on n'a pas agi.

Fin de l'État providence

La Révolution Reagan-Thatcher a beaucoup insisté sur des coupures budgétaires dans les programmes sociaux. Alors que les programmes de Lyndon Johnson dans les années 1970 avaient ouvert les vannes et créé une foule de programmes sociaux, les républicains ont travaillé en sens inverse surtout dans le domaine de la Santé. En 2008, les États-Unis sont ceux qui dépensent le plus sur la Santé de tous les États de l'OCDE et ont, pourtant, le plus grand nombre de personnes non assurés et vulnérables.

Promotion du Libre Échange Universel

Le Libre Échange est devenu, depuis les années 1980 la grande mantra internationale avec la création de l'OMC et la multiplication des traités de libéralisation des échanges et l'élimination des barrières tarifaires. L'orthodoxie dominante a été que seule l'élimination des barrières tarifaires et la création d'une zone de libre échange mondial pourrait maximiser les bienfaits du système capitaliste.

Le tournant historique de 2008

Écrivant ces pages en octobre 2008, avant l'élection présidentielle américaine mais pendant la grande débâcle boursière, nous ne pouvons pas avoir le recul nécessaire pour juger l'importance historique des événements récents. Cependant, tout semble indiquer que nous sommes à la veille *d'un tournant historique qui marquera la fin de la révolution Reagan-Thatcher et un retour en force de l'État*. Si ce dernier se concrétise, la pertinence de la question de la souveraineté, nationale et/ou supranationale deviendra encore plus grande.

Pourquoi un tournant historique ? La crise financière de l'Automne 2008 a révélé que l'hypercapitalisme, c'est-à-dire un Capitalisme mondial, sans règles et sans contraintes, qui ressemble à un casino de jeux, n'est plus viable. Les éléments principaux de la Révolution Reagan-Thatcher sont maintenant remis en question comme suit.

La **privatisation** ou le transfert de la propriété des entreprises au secteur privé est maintenant renversée. Le gouvernement le plus à droite du monde, celui de George W. Bush a consenti à une intervention massive de l'État dans l'économie en autorisant le Secrétaire du Trésor à dépenser 700 milliards de dollars pour secourir les entreprises financières en difficulté. La plupart des gouvernements de la Planète suivent ou adaptent cette tendance et commencent à nationaliser massivement à droite comme à gauche. L'idéologie ne joue plus. C'est du jamais vu.

La **déréglementation** a maintenant un sens très péjoratif et devient synonyme de corruption, d'excès, de capitalisme sauvage au détriment de *Main Street* (l'homme ordinaire). Tout le monde parle de la nécessité d'*oversight* ou meilleure réglementation. Il est question d'une réforme en profondeur de la finance internationale, un nouvel Accord de Bretton Woods, un élargissement des pouvoirs du FMI et de la Banque Mondiale etc. On cherche à imposer de nouvelles règles planétaires.

L'État est maintenant destiné à croître. Le *Big Government* tellement craint par les conservateurs américains devient une réalité. Pratiquement tous les pays du monde voient leurs gouvernements intervenir massivement dans l'économie, non plus uniquement à titre de régulateur mais en nationalisation les grands groupes d'acteurs. C'est le retour en force d'une forme de colbertisme ou même de capitalisme d'État. L'essor des fonds souverains, immenses réserves de capitaux détenus par des gouvernements, change la donne. Le secteur privé risque de se faire doubler par les nouveaux géants financiers nationalisés. Washington pourrait devenir un centre financier plus important que New York.

L'État Providence risque de renaître. La crise financière et bancaire américaine a donné lieu à des opérations de sauvetage de Wall Street. Le Gouvernement américain intervient pour sauver les banques et les grandes institutions financières. Mais il est impensable d'ignorer *Main Street* quand le Petit Peuple perd son logement, sa santé et son travail. L'État Providence, grande victime de la Révolution Reagan revient lui aussi en force. Les électeurs, aux États-Unis et ailleurs, ne permettront pas que les opérations de sauvetage, financés par les contribuables aillent uniquement aux banques et aux institutions financières elle mêmes jugées grandes responsables de la crise. Il faudra penser à protéger tout le monde, d'où le retour probable de l'État Providence

Le Libre Échange est mis en veilleuse. L'idéal de libre échange mondial est maintenant remis en cause. Déjà en 1998, lors de mon séjour à l'OCDE, l'AMI, Accord Multilatéral pour les Investissements a été stoppé dans cette institution suite à la résistance, entre autres, de la France et du Canada. Cet accord aurait libéré encore plus le mouvement de flux de capitaux entre nations et réduit la capacité de régulation des gouvernements. L'année suivante, à Seattle, le Millenium Round de l'Organisation Mondiale du Commerce se voit aussi rejeté. Depuis, toutes les réunions visant l'accélération de la mondialisation économique se voient fortement contestés par la société civile et en 2008, le Doha Round de l'OMC échoue lui aussi. Les droites comme les gauches expriment de plus en plus de réserves concernant le Libre Échange. On parle de plus en plus de protectionnisme, sinon au niveau national au moins au niveau des grands ensembles comme l'Union Européenne.

La problématique de la gouvernance mondiale en 2008

Devant les défis qui se dessinent au niveau mondial, certains éléments commencent à se clarifier et nous donnent quelques indications concernant la problématique émergente de la Gouvernance.

En premier lieu il devient de plus en plus évident que les marchés mondiaux ne peuvent s'autoréguler sans un arbitre.

Cette observation n'est pas nouvelle. Elle a déjà été faite par le père spirituel du capitalisme, Adam Smith, qui avait souligné qu'un marché ne peut fonctionner efficacement et équitablement sans encadrement par l'État. Dans un marché sans règles ni arbitre, la possibilité de tricher est grande et même la définition même de ce que constitue une tricherie est tellement vague que tous les excès deviennent possibles. L'hypercapitalisme, en tant que marché-règles touche à sa fin. Comme au lendemain de la Grande Crise de 1929, l'État est en train de revenir en force, partout dans le monde.

En deuxième lieu, il est aussi évident qu'en période de mondialisation et d'interdépendance planétaire, des interventions étatiques au seul niveau **national** ne peuvent pas, à elles seules, résoudre le problème global. L'émergence d'un nouveau Franklin Delano Roosevelt, aux États-Unis ne sera pas une condition suffisante pour sortir du bois, car la multipolarisation du système mondial actuel, avec plusieurs superpuissances émergentes : Chine, Japon, Europe, Russie, Inde etc. limite l'efficacité de l'intervention américaine. Donc aux problèmes mondiaux il faudra opposer des solutions mondiales.

En troisième lieu, bien que la une des journaux, en automne 2008, au moment de la rédaction de ce texte ait été dominée par l'effondrement économique planétaire, d'autres défis d'égale importance restent sur la table. Dans une liste approximative des grands défis planétaires on comptera aussi la répartition des richesses économiques, le changement climatique, la sécurité, le danger de pandémie etc. La liste peut évidemment s'allonger, mais elle n'est certainement pas limitée à l'économie financière.

Un scénario fiction : Si on avait un gouvernement mondial aujourd'hui…

Supposons, à titre d'hypothèse d'école, que par une baguette magique un gouvernement mondial fédéral existe aujourd'hui. Supposons que ce gouvernement mondial est démocratique et représente toutes les parties du monde d'après une formule acceptable pour tous. Supposons enfin que ce gouvernement possède des structures fédérales semblables à celle qui existent aux États-Unis ou encore, ressemblent aux institutions de l'Union Européenne. Ce gouvernement mondial pourrait avoir une branche législative bicamérale, un parlement mondial élu au suffrage universel ou par des votes pondérés par régions et une chambre des nations, semblable à l'Assemblée Générale des Nations Unies. Qu'est-ce qui changerait et qu'est-ce qui ne changerait pas dans la problématique mondiale ?

En reprenant les grands défis de l'heure, on pourrait imaginer les solutions suivantes. En ce qui concerne les défis économiques, une banque centrale mondiale réglementerait la masse monétaire, les taux d'intérêt et le fonctionnement des bourses mondiales. La politique fiscale mondiale pourrait être harmonisée tout en prenant en considération les besoins assez différents des régions du monde. Bien que les cycles économiques n'aient pas été abolis, une gestion concertée des autorités publiques mondiales réduirait les paniques et les flambées inflationnistes. On pourrait envisager des taxes mondiales comme la Taxe Tobin par exemple.

La sécurité serait assurée par une force armée mondiale contrôlée par le Parlement Mondial qui agirait en arbitre quand des conflits régionaux surgiraient, au même sens qu'un gouvernement central dans un État souverain agit en arbitre et gère tous les conflits régionaux. L'existence d'un système judiciaire mondial aurait également l'effet d'imposer l'empire de droit. Les risques terroristes pourraient être atténués par des actions préventives d'un Interpol renforcé.

Le développement durable et la lutte contre le changement climatique pourraient aussi être facilités par la mise en place de politiques environnementales à l'échelle planétaire, condition *sine qua non* pour que ces politiques soient efficaces. Enfin, on pourrait dire la même chose en ce qui concerne les politiques concernant la prévention des pandémies.

Remarques conclusives

L'évolution de la conjoncture mondiale souligne l'importance fondamentale d'une meilleure gouvernance mondiale. L'autorégulation des marchés s'est révélée un mythe. Sans encadrement juridique, sans garde-fous, sans règles, le système dérape. Le monde sans frontières doit impérativement être un monde régi par l'empire du droit.

Qui sera l'arbitre mondial ? Si l'on se limite au Système Multilatéral actuel, avec sa tour de Babel d'organisations intergouvernementales sans dents, et des traités facultatifs comme

Kyoto, on n'ira pas loin. Il faut donner des dents à la régulation mondiale. Cela passe par une cession partielle de la souveraineté du niveau national au niveau supranational. Ce processus doit être graduel car il faut que les institutions réceptrices soient perçus comme étant légitimes et donc démocratiques. Aujourd'hui il n'y a pas de démocratie au niveau mondial. Il faudra la construire.

Dans l'ensemble un gouvernement mondial tel que décrit plus haut ne serait pas certainement une panacée mais atténuerait fortement la gravité des problèmes actuels. Nous répétons qu'à notre avis il s'agit d'une inévitabilité à long terme mais pas à court terme. Un processus d'évolution graduelle sur trois ou quatre décennies est peut-être nécessaire.

Entre-temps il faut travailler dans la direction d'une souveraineté de plus en plus partagée au niveau mondial et à la création de structures d'interventions supranationales. Plusieurs scénarios de réforme institutionnelle sont à l'étude. Au cours de la dernière conférence de la Nouvelle École Athènes d'avril 2008[2], projet qui vise la mise en place d'une meilleure gouvernance mondiale, de nouvelles structures ont été analysées. Celles ci pourraient être basées sur (1) la réforme des Nations Unies (2) l'émulation des institutions communautaires européennes au niveau mondial (3) différents scénarios de parlements mondiaux et (4) l'extension des directoires existants comme le G8 etc. Il y a du pain sur la planche. Il incombe aux *think-tanks* du monde de se pencher sur ces questions et d'aider à la conception de nouveaux modèles de gouvernance planétaire, une sorte de Westphalie II qui conserve la notion de base de la souveraineté comme expression de la volonté populaire, mais qui la transpose du niveau national au niveau mondial.

---

2 www.new-school-of-athens.org

Chroniques

Decidere : Guillaume le Conquérant à la bataille de Hastings et l'effet d'irréversibilité

Anne MARCHAIS-ROUBELAT

En 1066, à l'issue de la bataille de Hastings, les Normands envahissent l'Angleterre. Ils sont conduits par Guillaume, le bâtard de Robert le Magnifique, Duc de Normandie. Guillaume – désormais surnommé le Conquérant – devient Guillaume Ier d'Angleterre.

À vrai dire ce n'est pas la première fois que les Normands attaquaient les Saxons : ils débarquaient, se battaient, et lorsque le danger devenait trop pressant, ils remontaient sur leurs bateaux et rentraient chez eux. Ce jour-là cependant, à peine seraient-ils arrivés sur le sol ennemi que Guillaume aurait fait « brûler ses vaisseaux » ou du moins fait comprendre à ses troupes que toute retraite était inutile. Il fallait vaincre ou périr, ils ont vaincu.

« Brûler ses vaisseaux » est synonyme d'une décision irréversible, c'est-à-dire une décision à la suite de laquelle on n'est plus capable pendant très longtemps – voire plus jamais – d'exercer une option qui était possible auparavant : sans les bateaux, l'option habituelle des Normands qui consistait à battre en retraite n'était plus possible.

Prendre une décision irréversible, c'est accepter de perdre de la flexibilité dans l'avenir, alors que c'est peut-être justement dans l'avenir qu'on en aura besoin : il faut pouvoir se replier. C'est ce que Henry appelle l'« *irreversibility effect* ». Souvent, les décideurs cherchent à éviter de prendre une décision irréversible parce que si les événements n'évoluent pas ensuite comme ils l'espéraient, ils ne pourront plus choisir des solutions qui étaient encore possibles au moment où ils ont pris cette fameuse décision. Traduit en termes de management stratégique, ce dilemme conduit à privilégier des stratégies incrémentales plutôt que des stratégies de rupture, beaucoup plus risquées : si les choses avaient mal tourné à Hastings, les Normands se seraient, sans leurs vaisseaux leur assurant une possibilité de retraite, tous fait massacrer sur place.

Discutant la généralité du modèle de Henry, deux autres chercheurs de la théorie de la décision (Ramani et Richard) nous mettent toutefois en garde : il ne faut pas systématiquement rejeter une décision irréversible parce qu'elle fait perdre de la flexibilité, il faut aussi voir qu'elle peut créer de nouvelles options, alors que la décision réversible ne le peut pas. En effet, l'importance donnée à l'acte consistant à « brûler ses vaisseaux » suggère que si Guillaume n'avait pas bloqué les Normands sur place, il n'aurait pas envahi l'Angleterre ou du moins que l'issue aurait été beaucoup plus problématique en raison de la possibilité de fuite qui s'offrait à ses troupes… Prendre une décision irréversible, c'est ainsi changer les règles du jeu en rebrassant non seulement ses cartes, mais aussi celles des autres. L'intérêt de prendre une décision irréversible n'est pas de sauter dans l'inconnu, c'est de ne pas y sauter seul.

Quelle conséquence sur la relation entre décision et risque ?

Le propre de la décision n'est-il pas de provoquer une irréversibilité, ou à tout le moins une singularité au sens où ce qui se produit après la décision n'est pas déductible de ce qui s'est produit auparavant ? Considérer qu'une décision est risquée dépend donc avant tout de sa capacité à contrôler la durée des règles qui définissent les phases de l'action, en d'autres termes à maintenir une phase en cours ou à contrôler le moment de sa rupture.

Un enchaînement de décisions réversibles peut être assimilé à un enchaînement de coups dans une partie d'échecs : celui qui connaît le mieux les règles et leur mode d'application prévoit le plus de coups et gagne. Mais il n'est jamais sûr que le jeu ne se transformera pas entre-temps en jeu de dames, et c'est là un risque majeur. Le risque associé à la décision réversible est par conséquent spatial (où faut-il placer ses pions) et absolu (se tromper de jeu et en perdre ses pions). Les pratiques jusqu'alors éprouvées deviennent au mieux inefficaces tandis que la flexibilité est source de risque car elle camoufle le changement des règles. Vouloir réduire le risque en se référant à une norme établie sans réfléchir aux règles qui la sous-tendent peut donc s'avérer être une tactique complètement contre-performante.

Celui qui prend la décision irréversible ne contrôle pas les règles du jeu à venir : rien ne dit que l'échiquier ne se transformera pas plutôt en jeu de Go. Mais il maîtrise le moment où le jeu change. La nature du risque s'est modifiée : de spatiale et absolue elle est devenue temporelle (quand la règle change-t-elle ?) et relative (quel est le jeu du moment ?). Les manœuvres ne sont jamais bonnes – ni contre-performantes, ni risquées – en elles-mêmes : leurs effets dépendent avant tout du moment où l'on a recours à elles et du rythme de leur mise en œuvre. Décider de respecter ou de transgresser une règle c'est choisir son risque.

Bibliographie

- Henry, C., « Investment decisions under uncertainty : The 'irreversibility effect'», *American Economic Review*, 64, 1974, pp. 1006-1012
- Ramani, S. V., Richard, A., «Decision, irreversibiliy and flexibility : the irreversibility effect re-examined », *Theory and Decision*, 35 (3), 1993, p. 259-276.

Note de lecture

Rafael Ramirez, John W. Selsky and Kees Van der Heijden (dir.), ***Business Planning for Turbulent Times. New Methods for Applying Scenarios,*** Earthscan, Londres, 2008, 290 p., nlle éd. 2010, 340 p.

La turbulence n'est pas un phénomène nouveau. En 1982 déjà, Woodward avait évoqué dans la revue *Futures* « le mythe de la turbulence » et une dizaine d'année plus tard Mintzberg avait abondamment évoqué cette question dans *Grandeur et décadence de la planification stratégique*. En cette fin des années 2000, le sentiment de turbulence tend à s'accroître, autant que l'utilisation de la planification par scénarios. À partir de ce constat, portant sur le nombre de citation des deux champs dans la base documentaire Ebsco, Rafael Ramirez, John Selsky et Kees Van der Heijden nous proposent « *d'établir une connexion entre le corpus conceptuel sur la texture causale des environnements et la pratique des scénarios* ». Le résultat de cette recherche est un ouvrage collectif qui questionne la pratique de la planification par scénarios à partir du cadre théorique de la texture causale.

Pour entrer dans l'ouvrage, le lecteur devra se remémorer ou découvrir le (très cité) article de Fred Emery et Eric Trist publié en 1965 par la revue du Tavistock Institute *Human relations* : « The causal texture of organizational environments » (la texture causale de l'environnement des organisations, aussi traduite sous le vocable de « trame causale », *Sociologie du travail*, 1964). Que le lecteur se rassure cependant, l'essentiel de cet article et des travaux qui lui sont liés est rappelé dans le panorama historique et méthodologique que les directeurs de l'ouvrage proposent en ouverture de celui-ci. Ainsi, ils en expliquent l'intérêt pour la prospective : « *la théorie de la texture causale porte sur les systèmes qui essaient de survivre et de pros-*

pérer dans leurs environnement de manière durable. L'interne (le système) et l'externe (l'environnement du système) co-évoluent au sens où les systèmes et leurs environnements s'influencent mutuellement et systématiquement et qu'il en procède ainsi pour le futur ». Dans ce cadre, les relations entre les systèmes et leurs environnements sont explorées à partir de quatre types de textures causales : placide aléatoire (*placid random*), placide regroupé (*placid clustered*), mouvant réactif (*disturbed reactive*) et de champ turbulent, pour reprendre les traductions choisies par Rojot et Bergman dans *Comportement et organisation* (1989) pour qualifier les différents types d'environnement des organisations. Des types de textures causales additionnelles comme celles de l'hyper-turbulence de MacCann et Selsky (1984) ou de l'environnement vortical (*vortical environment*) de Baburoglu (1988) sont aussi discutés par certains auteurs comme Martin Thomas dans son étude de cas sur le Venezuela.

Pour Ramirez, Selsky et Van der Heijden, « *l'idée clé de l'ouvrage est qu'à partir du moment où les champs d'investigation prennent les caractéristiques d'une texture causale d'environnement turbulent, l'utilisation de méthodes comme les scénarios est conduite à croître pour aborder le problème de cette turbulence* ». Pour eux, « *les scénarios sont considérés comme des méthodes permettant d'évaluer la texture causale* » par l'analyse des interactions qui sont à l'œuvre dans les environnements contextuels et transactionnels. L'ouvrage est divisé en trois parties. Après le panorama conceptuel et historique de Ramirez, Selsky et Van der Heijden, trois chapitres discutent les liens potentiels entre le concept de turbulence, les scénarios et des cadres aussi hétérogènes que les conférences de recherche (*search conferences* par Jaime Jimenez), les systèmes « souples » (*soft systems* par Trudi Lang et Lynn Allen, le chaos et l'auto-organisation (Mary Bernard). Tous montrent à quel point les enjeux liés au concept de turbulence sont importants pour l'analyse de systèmes et à quel point les cadres théoriques pour étudier ces enjeux peuvent être variés.

Dans une deuxième partie, l'ouvrage explore différentes études de cas portant sur le secteur de l'agriculture en Inde (Kees Van der Heijden), l'aménagement du territoire aux Pays-Bas (Rob Roggema), la santé en Suède (Niklas Arvidsson) le dialogue social au Venezuela (Martin Thomas). Ces chapitres ne mettent pas réellement en œuvre le cadre conceptuel élaboré par Emery et Trist, mais leurs auteurs l'utilisent comme un guide pour discuter les résultats d'exercices de planification par scénarios issus de contextes et d'horizons géographiques très différents. Par exemple, Kees Van der Heijden interprète *ex post* les scénarios pour le secteur de l'agriculture en Inde à partir des différents types de textures causales et se demande si la planification par scénarios ne pourrait pas « *par elle-même pousser les acteurs à agir pour atténuer le sentiment de turbulence et le transformer dans une texture plus placide* ». Rob Roggema utilise quant à lui le cadre de la texture causale pour analyser la planification elle-même et en discute les différentes étapes : de la planification placide aléatoire à la planification de la turbulence (turbulent planning) et « vorticulaire » (*vortical planning*) pour finir sur ce que Roggema nomme la « planification en essaims » (*swarm planning*). Mais l'essaim renvoie-t-il à des structures ou à des individus dotés d'une liberté de décision et d'action ? C'est ce que pourra méditer le lecteur à partir de la conclusion de Roggema : « *lorsque les choses comptent vraiment, au point de birfurcation, le futur est fait par des individus* », ce qui lui donnera une bonne transition vers les réflexions d'Arviddson sur l'engagement des parties prenantes dans les processus de gouvernance et les interviews menés par Thomas au Venezuela.

La troisième partie nous offre une série d'essais qui explorent des thématiques aussi différentes mais complémentaires que le changement continu et le changement disruptif (John Selsky et Joseph MacCann), l'esthétique du travail sur les scénarios (Rafael Ramirez), les éléments prédéterminés de Pierre Wack (George Burt), l'équité et l'entente dans la pratique des scénarios (Shirin Elahi) et finalement la responsabilité sociale des entreprises (Andromache Athanasopoulou). Tous apporteront au lecteur des cadres pour leurs réflexions sur la pratique de la prospective. Ainsi Rafael Ramirez insiste sur la nécessité de rechercher la « clarté » (*clarity*) : « *la clarté permet la compréhension en rendant transparent ce qui est éclairé, en enlevant l'opacité et en donnant l'opportunité de voir ce que la turbulence tente de nous cacher* ». La turbulence servirait ainsi de brouillard qu'il conviendrait de percer pour atteindre des contrées plus lisibles. Dans son essai, George Burt précise quant à lui l'objectif qui peut être assigné à la planification par scénarios : « *La pensée de Wack n'était pas basée sur une vision du futur mais sur une bonne compréhension d'une réalité que nous ne pouvons pas toujours voir. Le défi est de rendre les choses visibles et le con-*

naissable connu et compréhensible ». Dans le même ordre d'idée, la planification par scénarios est pour Selsky et Mc Cann une aide permettant aux managers d'appréhender les ruptures : « *la planification stratégique traditionnelle est efficace pour appréhender les ruptures opérationnelles et concurrentielles mais la planification par scénarios est plus riche et apporte de meilleurs outils pour les ruptures concernant le contexte* ». Mais le problème pour le manager sera ici de savoir à quel type de rupture il a affaire.

Dans cette deuxième édition de l'ouvrage, Kees Van der Heijden, John Selsky, Rafael Ramirez et Angela Wilkinson, apportent une relecture de leur problématique sous l'angle de la crise financière. Ils reviennent ici sur l'intérêt de rechercher des « scénarios plausibles » plutôt que des « scénarios probables » et sur le rôle des scénarios dans la gestion des risques : « dans la pratique des scénarios s'appuyant sur la théorie des textures causales (CTT pour causal texture theory), les scénarios et les modèles sont utilisés pour se remettre mutuellement en cause de manière constructive ». On retrouve ainsi l'enjeu de la prospective : sauter dans l'inconnu pour construire du sens pour les organisations. Mais l'inconnu est-il un tourbillon ? Les eaux troubles peuvent-elles devenir claires ? Et quelles textures sont-elles susceptibles de prendre ? Tels sont les enjeux de cet ouvrage et les perspectives ouvertes par le cadre proposé.

Fabrice ROUBELAT

Prospective et Stratégie

Achevé d`imprimer par PULSIO SARL
à Sofia, Bulgarie
en janvier 2011